ブスのマーケティング戦略

田村麻美

集英社文庫

ブスのマーケティング戦略　目次

第3章 神童からただのブスへ

第4章　ブスが処女を捨てるとき

第5章 百回の合コンで学ぶ

第6章　ブスにとっての肩書きの重要性 173

第9章 ブスの起業

第10章 ブスの成功すごろくと美人の経年劣化

ブスのマーケティング戦略

はじめに

この本はブスの自虐エッセイではない。れっきとした実用書である。

税理士、大学院生、一児の母、そしてブスであるわたくし田村麻美が、これまでの人生で学んだ戦略を、具体的な行動提案として記したものだ。

この戦略の目的はふたつ。

1. ブスの幸せな結婚

2. ブスの経済的な自立

である。

本書を読んで、行動しさえすれば、幸せな結婚と経済的自立がかなう。

これまでの苦労を追体験する執筆活動は、ほんとうに苦しかったのだが、読んでくださった方から、

「この本のおかげで処女喪失できました」

「この本のおかげで資格を取れました」

「この本のおかげで結婚できました」

そんな言葉をいただくことを妄想しまくって、日夜書いた。

書いていくうちに、自分がこれまでやってきた戦略が、マーケティング理論にのっとったものであることに気がついた。

結婚したい。

いい男とやりたい。

年収一千万円になりたい。

起業して成功したい。

そんな願いをかなえるためには、自分自身の本質を見極め（**プロダクト解析**）、自分のいまいる場所（**市場**）と、ライバルの特性（**競合**）を精査しなければならない。

経営的な視点から、マーケティングの論法を駆使して行動することで、夢のまた夢だと思っていたことが現実になる。経験的にそうなっているのだ。

小学校時代に、「自分がブスである」と気がついた。

そのときから戦いははじまった。

明るいブスであったが、度重なるトライ&エラーにより傷つき、道に倒れた夜もあった。

本書を通じて、とにかく「行動してほしい！」と呼び掛けているが、行動に勇気と覚悟がともなうことは重々承知している。

それでも行動してほしい。行動して失敗しまくって成功してほしいのだ。

本書が、**行動できないブス**のみなさんと、**劣化がはじまって焦っている美人**のみなさんの役に立てば、こんなにうれしいことはない。

足立区・北千住の税理士　田村麻美

本書について

・第1章から第10章にわたって、私の誕生から、受験、処女喪失、資格取得、就職（即退職）、結婚、起業するまでの物語を赤裸々に記した

・各章の前半に半生記、後半に「ブスの作業」が書いてある

・「ブスの作業」とは、行動提案とマーケティング戦略をまとめたものである

・早く結婚と起業をしたい方は、「ブスの作業」の見出し部分のみを拾い読みされたし

・すでに満たされたブス（または満たされた美人）である方は、半生記でひまつぶしをされるのもよし

・はじめから最後まで通して読むほうが効果は高い

第1章
自分を商品と考える

【行動提案】

「見た目」の客観的査定

【マーケティング戦略】

プロダクト解析

ふたりの女の三十年間

ここにふたりの女がいる。

美人のA美。

ブスのB美。

ともに、四十五歳である。

ふたりの三十年間を早足で振り返ってみる。


【美人のA美】

十代……ハッと目をひくかわいさ。周囲からは「かわいい」「美人」と言われてちやほやされる。いつも彼氏がいた。いつも自分に片想いしている男がいた。髪を切ればほめられた。試着すればほめられた。そこそこの短大に入った。

二十代……楽しくて素敵なOLライフ。海外旅行にもたくさん行った。会社の上司はいつもごちそうしてくれた。大企業に勤める彼氏をゲット。結婚&出産。退職して専業主婦に。資格や専門性などを身につけようなんて思いもしなかった。

三十代……若いころの美貌でゲットした夫。経年劣化する妻に興味が薄れてきたのか、昔に比べてちやほやしてくれない。子どもにお金がかかるので、毎月行っていた美容院が三カ月に一度に。デパートで服を買うこともめったになくなった。

四十代……いよいよ夫との関係がうまくいかなくなってきた。できれば離婚したい。しかし先立つものがない。専業主婦として十五年ほどすごしてきたのでパソコンが扱えず、就職活動がうまくいかないのだ。面接に行っても「おきれいですね」とは言われなくなった。経済力がないので、不仲の夫と居続けるしかない。

【ブスのB美】

十代……だれもちやほやしてくれない。客観的に評価してもらえる勉強にいそしむ。

二十代……資格を取得。合コンにも一生懸命参加し、どんな人が自分を好いてくれるのか、そして自分に合うのかを緻密に分析しデータを集める。

三十代……結婚。しかし、ブスであるためいつ離婚されてもいいように、仕事は続ける。

四十代……経済力があるので、だれかにしがみつく生き方を選択しなくていい。ブスであるがゆえに傾聴の技術を磨き続けた。そのおかげで、ＰＴＡでのめんどうな人間関係も、難なくこなせる。顔は相変わらずブスのままではある。

はじめまして、みなさん。

ブスのB美こと田村麻美です。

東京足立(あだち)区は北千住(きたせんじゅ)で、**税理士**として活躍している三十六歳の女です。

やさしい夫とかわいい娘もいて、**早稲田大学の大学院**も卒業し、**ＭＢＡ**もとれちゃった、そんな**満たされたブス**の田村です。

表紙の写真はプロのカメラマンさんにすごくよく撮ってもらったせいか、「それほどブスではないんじゃないか」という声も聞こえる。そんな人は上の写真を見てほしい。

どうだろうか。三十六年間、自他ともにそれなりに認めてもらえるブスとして、生きてきた。

現在、幸せで満たされてはいるが、相変わらず美人とは言えない容姿の私である。

B美の例を見てよくわかるように、十代にブスだった女は、二十代もブスであり、三十代もブスである。四十代も五十代も変わらずブスであろう。

一方で、十代に美人だった女は、二十

代で二十代なりの美人になり、三十代で三十代なりの美人になる。四十代では昔美人だったんだろうと言われる。五十代では……。

ブスに比べて、美人は経年劣化がもろに反映される。

ほうれい線、しわ、たるみ。

顔だけではなく体形もそうである。

年齢とともに変化するのは致し方ないことであるが、心配なのは、経年劣化をまったく予想せず、「美貌」のみ、ただひとつの武器で生きてきた美人の行く末である。

ここまで書いたところで、編集者から質問が届いた。

【質問】

どんな顔がブスなんですか？　どういう顔が美人なんですか？

顔には個々の好みがあって、一概に「ブス、美人」って言うのは難しいと思うのですが。

そういえば、編集者が「この人超美人なんですよー」と見せてくる写真は、いつも「ふつうかな」と思うレベルだ。「採点、甘いですよね……」と思わず言ってしまったこともある。

確かに個々の好みによって「美醜の基準」に差が出る。

私は大学院で、「日本における外見要素が所得に与える影響の分析」を研究テーマとした。

研究上難しいのは、やはり、何をもって、「美人、ブス」と定義するかということだった。論文なので、数値化の必要があり、試行錯誤の結果、「顔の黄金比（整った顔のパーツバランス）」を使うことにした。会う人会う人の顔のパーツ比率を測って数値化するという、非常に失礼な研究である。

美貌格差と所得格差は比例すると論じた『美貌格差』（ダニエル・S・ハマーメッシュ）という本のなかでも「美しさの測り方」の難しさについて言及している。この本のなかでいくつかの測り方と定義の仕方を紹介しているが、研究のための方法なのでめんどうくさいし、一般の人がやるのはちょっと無理だと思う。

そこで、本書では、**ブスの定義**を、ビジネス市場・恋愛市場において、

「見た目を武器にできない人」

にしておこう。**美人の定義**は、**「見た目を武器にできる人」**。

武器にできるかどうか客観的に判断できない、という人は、他人から「かわいいね、美人だね」**と顔をほめられたことが、二十回以上あるかないかで判断して**もらってもいい。

これから、私の人生を例にとりながら、いかにして使える武器を身につけ、幸せに生きていくかを書いていく。がんばるブスへの愛が深いため、生まれながらのブスに向けて書かれているが、劣化に焦る美人の参考にもなるはずである。

生まれたときからブスだった

一九八四年三月二十六日夜八時にブスの申し子が生まれた。私のことである。頭と顔がデカすぎる赤ちゃんであった。

私は逆子で生まれた。いまでこそ逆子の出産は帝王切開が主流のようだが、私の母親は普通分娩で産んだというからすごい。

さらに私は、三月二十六日という、早生まれすぎる日に生まれてしまった。さぞかし同学年の子と比べて発育が遅く、両親は心配したであろう、と推測されるのだが、やはりこのでかすぎる顔・頭のせいで、三月生まれのくせに堂々たる貫禄を醸し出していたらしい。

いい髪の毛が生えますようにと願った母親は、生まれてすぐに私を坊主頭にしたそうだ。こうして、**多量剛毛の女**ができあがった。

すでに書いた通り、頭がでかい人間である。頭の面積が広いので、通常の方の二倍くらい毛量がある。

現在お世話になっている美容師さんは、初来店したとき、

「やばい……、私の手には負えないかもしれない……」

と思ったらしい。それからありとあらゆるテクニックを駆使しておさまる髪型に着地してくださった。

いまでは来店するたびに「はじめて来たときはどうしようかと思った。それがこの髪質になった」と自分の技量を自画自賛し、ドヤ顔をされる。

生まれてからいままで、このひどい髪といっしょに生きてきた私を毎回、遠まわしに全否定してくれるので、一周まわって気持ちがいい。

四歳になって、幼稚園に入園した。

母親は、私のチャームポイントである、でかすぎる頭をより際立たせたかったのか、私をショートカットにした。

そもそも、母親は美的センスがイマイチである。両親にとってはじめての子であった私。母親は視力も悪いのだと思うのだが、さらにフィルターが何重にもかかった目で私

ショートカットの著者。頭がでかすぎて、
体つきが華奢に見えるという利点も。

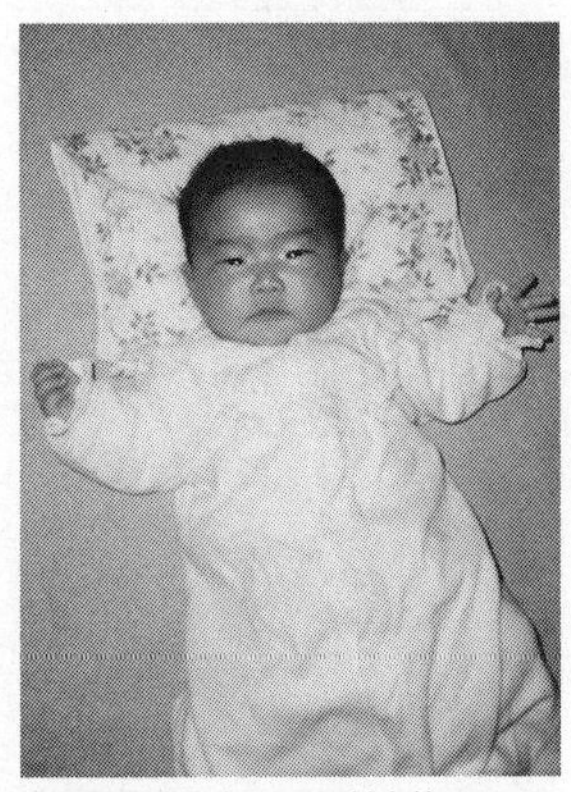

足からこの世に出てきた田村麻美。

「したつんが」と著者（3歳）。自分のこと
をかわいいと思っていたおめでたい時代。

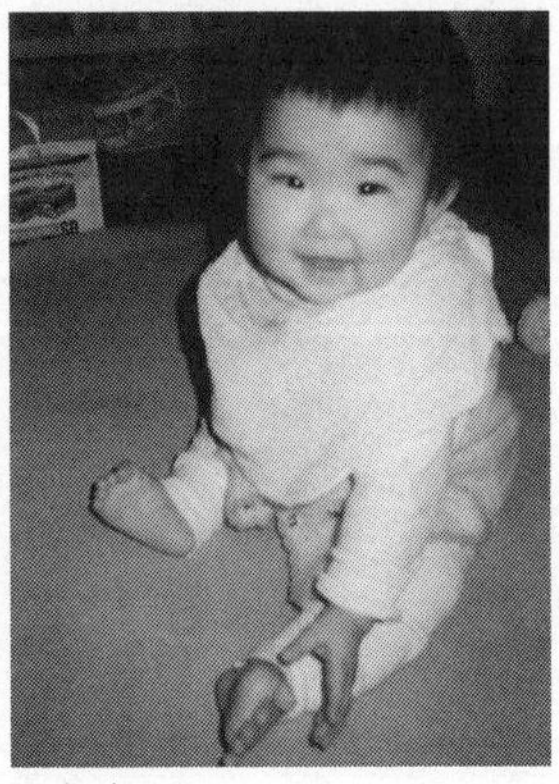

頭が、デカい!!!

を見ていたのであろう、「かわいい、かわいい」と言って育ててくれた。

だから、私も自分のことをかわいいと思っていた。

そのせいでブスであることに気がつけなかった。

しかし、振り返ってみると親に「かわいい」と言われ続けた私は、子どもとして幸せだし、**お育ちのいいブス**ともいえる。

やっと気づいた「私はブス」

蝶よ花よと育てられ、自分のことをかわいいと信じ込み、自己肯定感百%だった。そんなお育ちのいいブスの私も小学生になる。

小一でひとつの事実に直面した。

黄色の通学帽子だ。小学生がかぶるあの黄色の通学帽子なのだが、定型サイズが入らなかったのだ。

ここで私は、はじめて自分の頭がでかいことに気づいた。

さらに顔がでかいことにも気づいた。集合写真を見て、顔がみんなより明らかに大きいことにショックを隠し切れなかった。

となりの友だちと比べて1.8倍の顔のデカさを誇る田村麻美。

人間というものは、ひとつ気がつくと、そこからいろいろなことが気になってしまう。

顔と頭がでかいことを認識したあと、ありとあらゆる自分のコンプレックスに目がいくようになった。

指の太さ。太すぎて、結婚指輪が入らないんじゃないか。

鼻の低さ。正面なのか横顔なのか、見分けがつかないんじゃないか。

毛深さ。ゴリラと間違われてしまうんじゃないか。

眉毛の太さ。毎晩ピンセットで抜かなくてはいけないんじゃないか。

なぜ親は私をこんな容姿に産んだのだろうと、小学校のころは常に思っていた。

けれど、ブスだと気がついたのは、幼いながらも「冷静な比較」ができたからである。すべては黄色の帽子の定型サイズが入らなかったことからだ。このことで、

「私は通常ではない＝人より容姿が劣るのだろうか」

という疑念を持ち、検証をはじめた。

まわりの女友だちとの比較はもちろん、メディアでの広い比較を試みた。

父がテレビ大好き人間だったので私もよくテレビを見ていた。ドラマやバラエティ。そこに出ているきれいな女優さん、アイドル、タレントさん。

母親は変わらず私のことを「かわいい、かわいい」と言っていたが、どう考えても月曜の夜九時、ＯＬが街から消えたことで有名なドラマ『東京ラブストーリー』のヒロイン・赤名リカより、顔がでかい、鼻は低い、目が小さいではないか。

私は、はっきり気づいてしまった。

そうか、これがブスというやつか。私、ブスなんだ、と。

横から見るとよくわかる鼻の低さ。

自分の醜い容姿に気づいて、まず思ったことは、

「一生、東京ラブストーリーができないのではないか。私は恋愛ができないのかも」

ということだった。

テレビドラマでは、当たり前だが美男美女の俳優、女優さんが出演している。そして、恋愛をしている。美男美女でないと恋愛ができないと幼心に思ったわけだ。

さらに、小学校の同級生の男の子にこんなことを言われた。

「お前、ほんとに鼻低いな」

ちょっと気になっていた男の子だったゆえに、そして自分でも気づいていた鼻の低さを指摘されたことにより、ショックでお先真っ暗になった。

私はこのとき異性に対する恋愛感情を持ってはいけないと思った。

小学校六年間は、なんとなく女友だちとスーファミの「ドンキーコング」を攻略することしか楽しみがなかった気がする。

しかし、あとから振り返ると、人生のなかでいちばん重要な気づきがあった小学生時代だった。

その気づきとは……

自分がブスであるということだ。

ブスの作業 1 集合写真の自分を見よう

さて、ここからは、読者の方が手を動かすパートである。第1章から第9章まで、三十三のブスの作業が出てくるので、だまされたと思って取り組んでください。

まず、集合写真を用意。学生時代でも旅行のときに撮ったものでもなんでもいい。できれば五人以上の女が写っているものが好ましい。

そして、写真をこのような気持ちで見てみよう。

写真に写っている自分は商品だ。
商品という観点で見たらどう見えるか。

集合写真で際立つ顔の大きさ（合成ではありません）。

どうだろう。自分という商品を客観的に買いたいと思うか？

買いたいと思うのであれば、あなたはもうこの本を読む必要がない（あ、せっかくなので私のエピソードだけは読んでください）。

隣のかわいい女の子を買いたいと思ったあなた、先に進んでください。

ブスの作業2

他人と自分の容姿の違いを書き出してみよう

なぜ自分という商品を買いたくないのか。
自分を選べない理由を考えてみよう。つらい作業だ。

・頭がでかい
・鼻が低い
・目が小さい
・唇が厚い
・一重(ひとえ)まぶた……

書き出しながら涙が出てきても負けないでください。ここでは、写真に写る自分を見ての作業なので、「性格が悪い」といった内面的な自分の欠点は書き出さなくてけっこうだ。そこまでやったらつらさ倍増である。

どうであろう。まだ作業をふたつしかやっていないのに、すでにつらいであろう。でも、絶対に「見た目の価値」から目をそらしてはいけない。

「私は性格がいい」
「頭はいい」
「ファッションセンスはいい」
「スタイルはいい」
「髪はツヤがあってきれい」

こんなふうに思って自分をかばうのは、「逃げ」である。絶対に逃げてはだめだ。もう一度集合写真を見てほしい。

あなたはブスか。ブスだ。
私はブスか。ブスだ。
さあ、ブスたちよ、マーケティングの話をはじめよう（マイケル・サンデル風）。

ブスの作業3 プロダクト解析

ふたつの作業を通して、すでにあなたは自分を冷静に客観的な視点で見られるようになったのではないか。

人間の価値が見た目だけでないのは、百も承知である。

しかし、見た目が相当重要なファクターであることは事実だ。

自分を商品と考えたとき、見た目はパッケージにあたる。顔が商品名でありブランドであるのだ。

三つ目の作業としてプロダクト解析をしていく。プロダクトとは製品（本書では「商品」で統一）のこと。自分自身を細かく理論的に調べ、本質を明らかにすることが大切だ。

人は思い込みの産物で、自己像はとかくゆがみがちだ。美人だって自己像はゆがんでいる。ブスはもっとゆがんでいる。

商品である自分を査定するために、私が作り出した五つの指標（判断基準）がある。

1. 見た目
2. 経済力（仕事）
3. 学歴
4. 居心地（人柄）
5. 相性（個性）

1の見た目は、他人が見て「かわいい、美しい」と思うかどうか。

2の経済力（仕事）は、生きていく上での安定性をはかる指標である。芸術的才能もここに入るが、稼ぐことにつながりにくい才能は、ただの趣味とみなす。

3は、仮に最終学歴が大学であれば「十八歳までの努力」の指標。

4の居心地（人柄）は、話術や気立てのよさ、おもしろさ、心根のよさなど。「品」や「育ちのよさ」のようなものもここに入る。

5は、市場と顧客によって変動する。どんなに変わった顔と性格でも、蓼食う虫は好き好きなので、ある特定のターゲットにとっては百点だったりする。

前項でやってもらった作業1と2は、この指標の1の見た目を冷静に認識する解析作業である。

なぜ、こんなつらく悲しい解析作業が必要かというと、**自分という商品が本質的に提供しているサービスが、どんなものであるのか**を知ることが、マーケティング戦略の基礎の基礎だからである。

それでは読者のみなさん、実際に39ページのグラフを埋めてみてほしい。適当でいい。数値化しづらければ、百点のモデルを設定してみて（たとえば女子アナとかモデルとか）その人と自分を比べた数値を入れていけばよい。

ちなみに私の場合は40ページの通りです。

私は、見た目数値はゼロ。でもマーケティング戦略によって、「居心地のよさ」を目指した。私という商品が本質的に提供しているサービスは、**気さくで居心地のよい税理士**ということになる。

この数値、厳密にいうと、顧客と市場と競合との関係性、つまり商品をとりまく環境によって決まってくるのだが、それは少し難しい話なので、先で説明する。

とりあえず、第1章では客観的に自分の「見た目価値」を見つめ、ブス（自分）がゆるぎないブスであることをしっかり受け止めてほしい。

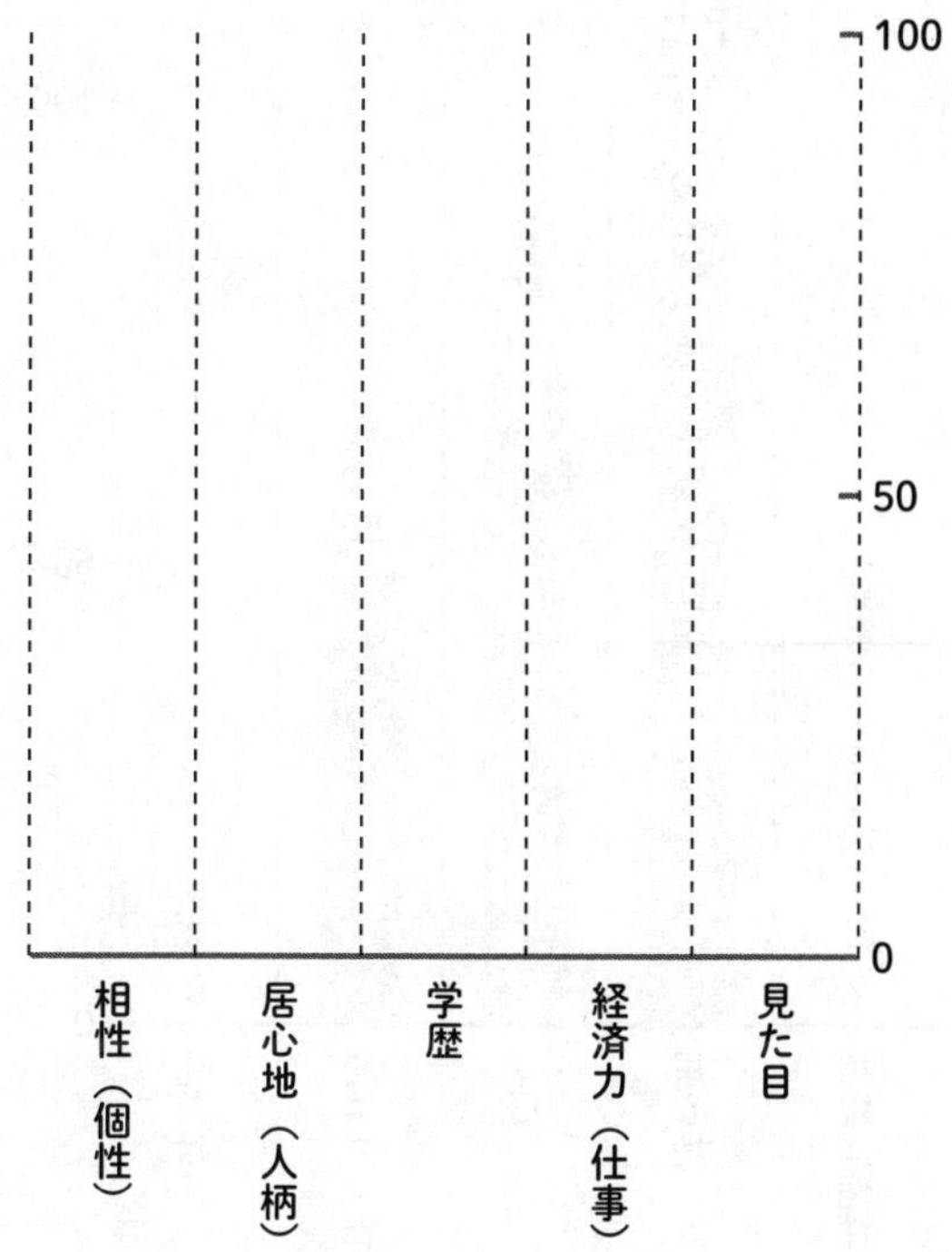
100
50
0
相性（個性）
居心地（人柄）
学歴
経済力（仕事）
見た目

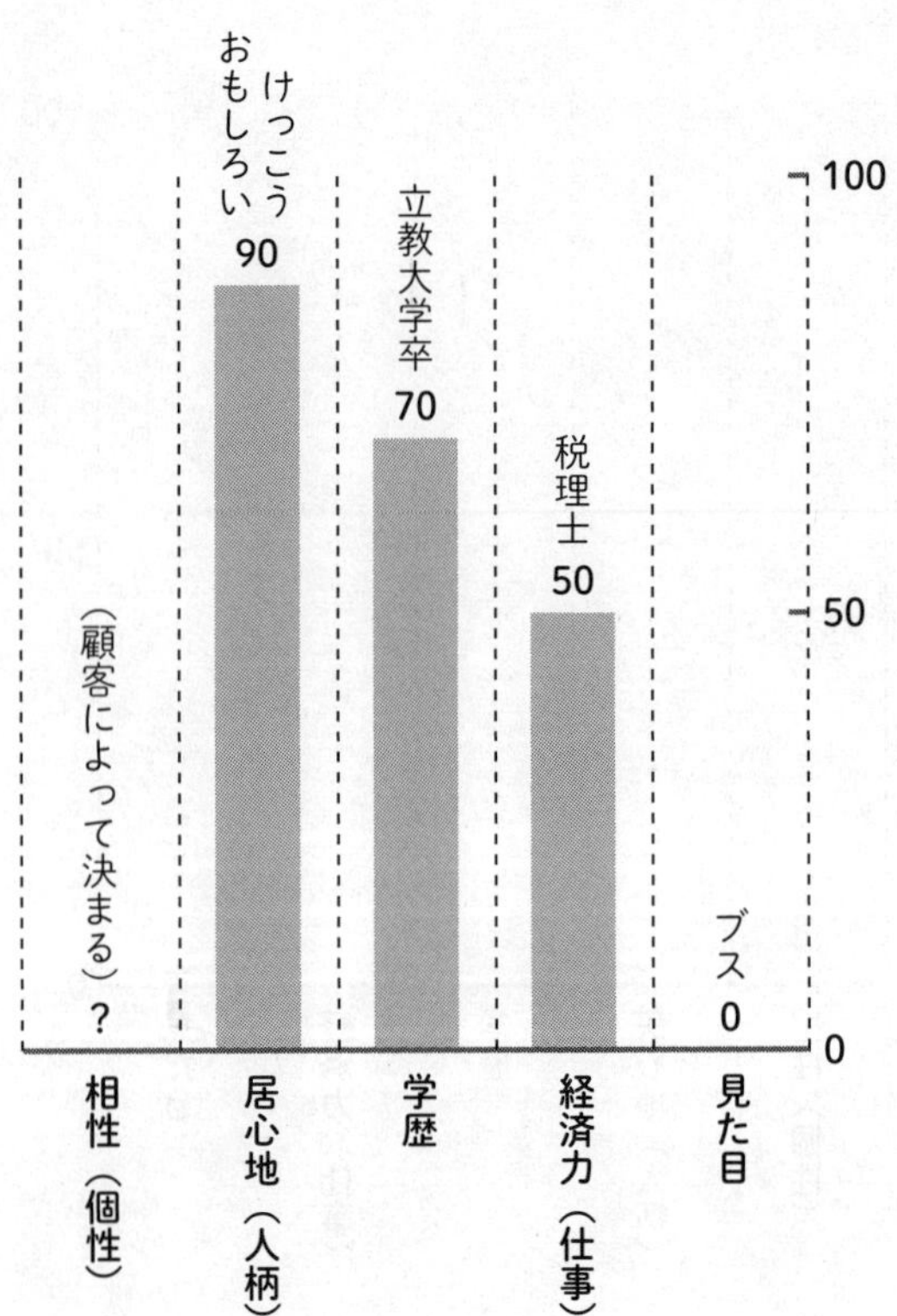
100
50
0
けっこうおもしろい
90
立教大学卒
70
税理士
50
ブス
0
（顧客によって決まる）？
相性（個性）
居心地（人柄）
学歴
経済力（仕事）
見た目

1. 集合写真を見る
2. なぜ、自分を買いたくないか理由を書き出す
3. プロダクト解析のグラフに書き込む

三つの作業を終え、どうでしたか？　第1章ではまだ、自分が本質的に提供しているサービスがわからなくてもよい。ただ「見た目価値」だけは、がんばって客観的に判断してほしい。

こんなつらい文章を書いているときに、美人の編集者から質問が届いた。

【質問】
腐らず、人格否定せず、メンタル的に打撃を受けないかたちで、ブスだということを受け入れるために、どのような心がけが必要ですか？

ばかやろう。メンタルはズタズタだ。
打撃を受けずに、いままでのワークをできたブスはいないはずである。

というか、「心がけ」ってなんだ。自分がブスだと受け入れることはつらいことだ。打撃を受けないかたちなどない。

つらい、つらいことなのだ。

しかし、**一度思い切って自己評価をゼロにすれば、具体的に武器として何を装備していくべきか考えられる。**

結婚もしたくない、経済的に自立しなくてもいいというなら、ブスを受け入れる必要はない。

他人の目を気にする必要もない。

戦略など、もちろん必要がない。

恋愛も結婚も、はたまたビジネスも、相手、お客様があってのものである。

自分というブスを受け入れてもらわなければならない。

ありのままの自分を受け入れてもらえないのであれば、改善しなければならない。

改善するためにはブスという現実を一度は受け止めなければならない。

これはつらい。

しかし、この本を手に取った人は、無意識レベルで自分のことをブスだと思っているはずである。じゃないとこんな本を読むはずがない。私もブスを受け入れることはつらかった。何度も親のせいにしたものだ。

しかし、生まれてきてしまった以上、一生自分と付き合っていかなければならない。だったら、卑屈なブスでいるよりも、素直に自分という存在を受け入れ、それを今後どう改善していくのか、戦略を考えたほうが建設的である。

ブスが明日美人になることはない。残念ながらそんな奇跡は起こらない。けれど、ブスを調理することはできる。戦略次第なのだ。

次章から具体的な方法を教えていく。

絶対にあきらめないで。

第1章まとめ

・自分を「商品」だと認識し、「見た目価値」を査定する
・ブスであることを受け入れる
・見た目、経済力（仕事）、学歴、居心地（人柄）、相性（個性）の五つの指標を使って自分という商品（プロダクト）を解析する

第２章
性欲を
エネルギーに変えて
商品力を高める

【行動提案】
本能を認める

【マーケティング戦略】
セグメンテーション

ぜひとも一度「やってみたい」

中一になった。地元の中学校へ行った。

入学してすぐの四月から、キムタクと山口智子(やまぐちともこ)のドラマ『ロングバケーション』(ロンバケ)がはじまった。

かっこいいキムタクときれいな山口智子の恋愛模様を描いたドラマだ。チューしたりセックスしたり。

いまの私はAVを見ても何も反応しないが、あのころは、ロンバケを見ながらAVを見ているかのような興奮を感じていた。

ブスを自覚していながら、恋をしてみたい、あわよくばやりたい。そんな欲望を抱きはじめてしまった。

小学校時代、「鼻が低い」と言われてから、異性への気持ちに蓋をしていたが、ロンバケで簡単にその蓋が開いた。

「エルティーン」という雑誌を知っているか。

これは中高生のエロい体験記が載っている雑誌だ。

部室で○○しちゃっただの、教室のカーテン越しに○○しちゃっただの、彼の部屋で○○しちゃっただの、公園で青姦しちゃっただの、そんな読者の体験記が官能小説のように書き綴られている。

テレビドラマで、キスシーンやベッドシーンなどを見ることはあった。

しかし、具体的にベッドのなかで何をしているのかは知らなかった。

「彼に無理やりキスをされ、吐息を感じた。強引な彼と私はお互い経験はなかった。理性がなくなる彼をみるのははじめてであった。何気なく手を置いていた場所が大きく波を打っていた。それは、彼の分身。そう、彼自身が私に欲情して大きくなっていたのだ」

なるほど、何気なく見ていたテレビドラマのベッドシーンというのは、実は、こんなことがおこなわれていたのか。理性を失い、我を失い、本能的に自分を止められなくなっていたのか。

理性を失うとはどういうことなのだろうか。

どの体験記を読んでも、幸せそうな様子が書いてあった。貫通するということは、とても怖いことである。みんな涙を流している。しかし、涙のあと「最初が○○君でよかった」とか言っているのだ。痛いのに幸せとはどういうことなのか。

理性を失い、本能のままに行動し、痛いのに幸せ。

自分がだれかの理性を壊すほど、魅力的な人間なのか。

私なんかと粘膜と粘膜の接触をしてくれる男はいるのだろうか。

まったく想像がつかなかった。自信もなかった。

しかし、「エルティーン」の読者体験記を読んだ私は、**ぜひとも一度やってみたいと**思ってしまった。

ブスの性欲は勉強の動機になる

美男子と付き合うことなど一生できないだろう。

それならば優秀な男と出会いたい。

優秀な男とはなんだ。

ここで私が思った優秀さとは学歴だった。

学歴のいい男子とはどこで出会えるのだ。

偏差値の高い高校か？

じゃあ、自分もそのレベルの学校に行かなければならない。まずはこの田舎の中学校でいい順位をとって、そして、いい高校に行こう。そうすれば、優秀な男と出会えるかもしれない。

美人だったら自分の学歴を上げようとは考えなかったかもしれない。しかし、ブスである以上、優秀な男と出会うために、優秀な男が多くいそうな場所に自分が行かなければならないと考えた。

中学生の田村。優等生で通っていたが、頭の中はエロのみ。

そこで真面目に勉強をしはじめたのである。

私の勉強とは、ずばり暗記である。覚えるだけの一般教科、英数国理社を死ぬほど暗記した。

暗記すればいい点が取れるという

意味のない教育方法をいまだに使っている日本だから、それなりにいい点数を取れた。そして、親の手前、なんの取り柄もないし、勉強ぐらいはがんばろうという子どもとして最高のふるまいをしていた。

本音はいい男とやりたいという気持ちしかなかった。親、ごめん。

強すぎる承認欲求が、エロを超えた日

中三になった。

計画的に勉強を続けていた。

第一志望の高校は、共学の高校だった。

高校の制服といえばブレザーが多かったのだが、その高校はセーラー服であった。セーラー服にラルフローレンのセーター。少しはブスが隠せるのではないかと考えた。

当時、その高校の偏差値は六十四くらいだったと思う。ものすごく人気校で倍率が高かった。みんな、そのセーラー服が着たかったのであろう。

私もその高校に進んで、「エルティーン」のようなみだらな不純異性交遊をしたかった。

しかし、私は「エルティーン」を読みながら、いい男とやることを目的にひたすら勉

強をし続けた結果、偏差値が七十になってしまった。

担任の先生から、県内トップの女子校をすすめられた。

偏差値はギリギリだが、倍率が低い。だから、最初に目指していた人気共学校より入りやすそうだ。さらには、田舎町からその進学校に進むなんてめったにないから、お前がんばれ！　的なすすめられ方だった。

とにもかくにも、周囲からの圧力がすごかった。

高校でいい男とやりたいという夢と、まわりからの期待を天秤（てんびん）にかけた。

十五年間生きてきて、こんなにまわりから期待されることなんてなかった。

注目されることもなかった。

本当になんの取り柄もないブスであった。目立つことなんてなかった。習い事はたくさんしてきた。ピアノ、スイミング、書道。しかし、どれも人並みだ。特に際立ってできるようになったものなどない。

取り柄がないからこそ、がんばり続けた勉強。来る日も来る日も読み込み続けた教科書。それが偏差値というかたちで結果が出て、周囲から県内トップの女子校をすすめられることになったのだ。

このとき大きく自己像が変わった。

私はただのブスではない。「偏差値の高いブス」だ。

できれば、共学に入り、異性交遊をしたかった。そもそもそれが勉強の原動力になっていたのだから。

しかし、「お前ならもっといい高校に入れる」なんて言われたら、どうだろう。私の承認欲求はここで、あんなにやりたかったエロを超えた。

偏差値七十の女子校を受けることにしたのだ。

もちろん女子校に行くからといって、「エルティーン」で読んだエロ体験をあきらめたわけではない。

いつかは自分もエロ体験をしたいと思っていたが、共学校よりも偏差値の高い女子校に行けば、その先進学するであろう大学もきっと偏差値の高いところへ入学できる確率は高まるであろう。であるならば、まだ経験していないエロよりも現時点で周囲の期待にこたえてトップを目指すのもいいのではないか。

高校でのエロ体験から大学でのエロ体験へ目標設定を改めた。

エロへの思いを一度封印して勉学に励み、見事偏差値七十三の県内一の女子校合格を勝ち取ったのだ。

そのとき、中学生ながら、

「二十歳までにやる！」

という明確な時限目標を持っていたのは、えらいと思う。

ブスの作業 4　本能を認める

私は自分の性欲に素直であった。

だから性欲（本能）を勉強するためのエネルギーに変えることができた。

本能に忠実に行動するのは、年齢を重ねれば重ねるほど怖くなる。なぜなら「失敗」が怖いからだ。

しかし、ブスに生まれてきた以上、「失敗」がほとんどである。

まず、そこを肝に銘じてほしい。

失敗なしにブスの成功はない。どんどん失敗してほしい。

最初からすべての行動が成功しているのであれば、あなたは知的なブスだ。本書を読む必要はない。この本を読まなければならないのは、

1. 何をやっても失敗する人
2. もしくは、失敗が怖くて何もできない。でも幸せになりたい。どうすればいいの？

と思っているブスだけだからだ。

どうすれば失敗するのか。それは行動しかない。

どうすれば行動できるのか。

自分の本能に素直になればいい。ただそれだけだ。

本能に素直になることが行動につながる。本能がエネルギーとなる。

目の前の男と付き合いたいと思えば、告白すればいい。抱きつけばいい。何も考えずに抱きつけ。突き放されるから。それで号泣しろ。

ブスにとって大事なのは自分の本能を認めることだ。


「それほど性欲がない」「彼女になろうなんて思ってない」

「身分違いだから……」「好きな人を見ていられるだけで幸せ」

本気でそう思っているブスは多い。

純愛、プラトニック、素敵な片想いに逃げるのは、自信のない美人もやりがちなことなのだ。

はっきり言って、それは逃げだ。女であるからには、いい男に好かれたい、いい男とやりたいはずだ。

自分にうそをつくな！　かっこつけるな！

好かれたいんだろう！　セックスしたいんだろ！

その愛欲・性欲を認め、エネルギーにするんだ！

本能に正直になったところで、それがはじめて使える武器となる。

私の場合は「いい男とやりたい！」という本能が、勉強への原動力になった。

もしも性欲が弱い読者の方がいたら、自分のなかの**「俗っぽい欲望」**を探ってみてほしい。

アイドルになりたい。

テレビに出たい。

有名になりたい。

本を出したい。

とにかくモテたい。

武道館でコンサートをしたい。


人に言うのが恥ずかしいようなことが、本能レベルの欲望だったりする。

本能レベルの欲望だからこそ、行動へのエネルギーになる。

死ぬときに後悔したくないならば、俗っぽい欲望をまず認めて、あきらめないことだ。

ちなみに、私はこんなにエロいがオナニーはしない。

しないことによって、己のエロ欲求が高まる。高めて高めて高まりすぎたときに、ふだんは奥にしまってある「積極性」というエネルギーが爆発するのだ。

もし、彼氏がほしい、結婚したいといった夢があるのなら、オナニーは絶対にするな。

ブスの作業 5 勉強しよう

本章では、本能レベルでやりたいことをエネルギーにして、現実的な努力をし、「私」というブスの商品価値を上げることを説いてきた。

こう思う読者もいるだろう。

「私はやりたいこと、特にありません」

勉強しなさい。

あなたがもしいま十代ならば必死で勉強して高学歴を勝ち取れ。

あなたがもし、すでに社会人ならば、第一級の国家資格の勉強をいますぐはじめなさい。

国家資格とは弁護士、公認会計士、税理士・司法書士・社会保険労務士、弁理士などである。**自他ともに認める権威がある資格**でなくてはならない。

もしくは保育士、看護師、助産師など就職に有利で収入の安定が見込める「使える」資格がいい。使えない資格をいくらコレクションしてもだめなのだ。

ブスが勉強をがんばらなくてはいけない理由は三つある。

1．自分に自信をつけるため

2．パートナー探しにつなげるため

3. 経済力をつけるため

たとえば絵や歌がうまいなど才能があるブスはそれを伸ばせばいい。

アクティブなブスはコミュニケーション能力を伸ばせばいい。

しかし、ブスの多くは自分に自信がなく引っ込み思案な人間が多いのではないだろうか。

そんなブスに必要なのは「客観的な実績を得て自信をつける」ことなのだ。

自信とはどうやってつけるものか。

目に見える数字を獲得するのが手っ取り早い。それが勉強である。成績の順位、偏差値。これは紛れもない客観的な事実である。

謙遜でなく、私は頭がいい人間ではない。断言できる。

同じことを何度も何度も繰り返し、読み、書き、やっと覚えられるような要領の悪い人間である。腱鞘炎(けんしょうえん)になるほど書きなぐり、何冊ものキャンパスノートを真っ黒にしてきた。

読むだけでは頭に入らないことに気づき、書きまくっていたのだ。これは、税理士試験のときも同じだった。読むだけで頭に入る地頭のいい人がうらやましくてしかたがなかった。

しかし、頭に入らないんだから腱鞘炎になろうが書くしかなかったのだ。決して、ラクをしていい成績をとってきたわけではない。というか、時間をかけて全力で勉強したにもかかわらず、大学は立教で終わっているのだ。苦労の割には正直残念な学歴である。しかし、それでいいのである。と自分をほめてしまってはいかんのだが、客観的事実として、

・埼玉県でいちばんの高校（浦和一女）卒
・立教大学大学院卒
・税理士

を得たのだ。これは紛れもない事実であり、ブスでも頭が悪くても時間をかければこれだけの客観的事実を獲得できる。

そして、何者でもなかった人間に「浦和一女、立教大学、税理士」という肩書きがつくことで自信がついたのだ。

そして、ふたつ目の勉強をしなくてはいけない理由。だれと結婚したいかというパー

トナー探しにつながる。

ブスなのに相手を選ぶなと言われそうだが、ブスだからこそ相手を選びたいところである。

仮に子どもを産むとなった場合、自分のブスが遺伝する。

絶対にイケメンと結婚したい。私の勉強の動機も「イケメンとやりたい！」がほとんどすべてだった。

しかし、イケメンはブスと結婚してくれるのであろうか。ごくまれに奇跡が起こることはあるが、人間とは同じようなランクと付き合い、結婚するものだろう。

そう考えると、自分の顔面偏差値からしてイケメンと付き合うのは難しくなる。

ブス・ブサイク同士が結婚したとして、頭脳の遺伝子だけはいいものを子どもに伝えたい。となると、**頭脳レベルの高いブサイクと結婚したい**と思うものであろう。どこにそんなブサイクがいるのか。偏差値の高い大学にいるのである。

偏差値の高いブサイクと話を合わせられる人間になろう。これが、ブスが勉強をしなければならないふたつ目の理由。

三つ目。勉強することは人生の保険になる。努力を重ねても、だれとも付き合うことができないこともある。そんなとき、勉強習慣が身についていれば、私のように資格を取ることを視野に入れることができる。いざというときひとりで生きていける経済力を身につけることにつながるのだ。

メディアを見てほしい。何者でもないし絶対にテレビに出られないようなブスでも、専門分野や肩書きがあるとテレビに出られるし、稼ぐことができる。

三つ目の理由は、消極的な理由かもしれない。しかし、ブスだからこそ、結婚せずに独身を貫くというリスクもやはり考えなければならない。

勉強はやってだれかから怒られるものではない。

何もしていないブスはまず勉強、勉強である。才能のないブスにとって、勉強はいいことしかない。

勉強は何歳からでもはじめられる。いますぐはじめよう。

ブスの作業 6　セグメンテーション

この第2章、マーケティングにまったく関係なかったではないか、と疑問を抱く方がおられるかもしれない。

いや、実は関係あったのだ。それは、ターゲットを絞ったという点である。

優秀な男とやりたい。

優秀な男とは偏差値の高い男である。

偏差値の高い男は、偏差値の高い学校にいる。偏差値の高い男に釣り合うために、自分も勉強をがんばる。

この部分である。

商品を売り買いする場である市場は、均一なものではない。

顧客も個性があり、一人ひとり違う。

どこの市場を狙うかということを定めないと、間違った方向で商品価値を上げてしまう。

中学時代の私は、すべての男性のなかで、「偏差値の高い男」という一点でターゲットを絞った。

ここで重要なのはセグメンテーションという戦略である。

年齢、見た目、偏差値、住んでいる地域、あらゆるチャンネルが存在するなか、共通点に注目して分類することをマーケティング用語でセグメンテーションと呼ぶ。直訳すると市場細分化という意味である。

	パーフェクト型	スポーツバカ型	ガリ勉型	ヤンキー型	お調子者型
見た目	さわやか	日焼け	色白	やせ型 長髪	短髪
学力	◎	×	◎	×	○
スポーツ	◎	◎	×	○	○
リーダー力	◎	◎	×	×	×
おもしろさ	◎	○	×	△	◎
優等生度（校則遵守）	◎	○	◎	×	△
属性	生徒会長 部長 学級委員 サッカー部	野球部 県大会出場	美術部 卓球部 定期テスト上位	陸上部（在籍のみ）	テニス部
よくする行動	友だちが多い 笑顔が多い ブスにもやさしい	朝練疲れで授業中に寝ている	休み時間もほぼ着席 読書 声が小さい 友だちが少ない	遅刻 自転車に乗るときヘルメットをしない	文化祭で漫才 ＴＶとマンガ好き

同じ特性やニーズを持つ人を分類し、狙いを定める。

用語解説

> **セグメンテーション**
> セグメンテーションとは「市場細分化」の意味で、居住地・年齢・趣向・行動パターンなど特定の属性ごとのかたまりに分けて市場を細分化することである。

狙いを定めてターゲットを絞ったら、そのターゲットに合わせて商品改良をする。

私の場合は中学時代に、63ページの図のような男性のセグメンテーションをおこない、ターゲットを「ガリ勉型」に絞った。

だからこそ、「ガリ勉」という自身の商品改良ができた。

ここでの話はまだ中学時代なので、それほど幅広くはない。正しくは、次のようなものなのである。


【セグメンテーションの軸】

地域……九州なのか、北海道なのか、関東地方であるなら東京なのか栃木なのか
人口……都市の規模はどのくらいなのか
年齢……未就学、小学生、中学生、高校生、大学生、十代、二十代、三十代、四十代、五十代
性別……男、女
所得……年収百万～三百万円、三百万～五百万円、五百万～八百万円、八百万～一千万円、一千万～二千万円
学歴……中卒、高卒、大卒、大学院卒

そのほか、ライフスタイル、行動パターン、性格、家族構成など、いくつか主要な「軸」がある。

セグメンテーションの習慣をつけることは、どんな局面でも有効である。就職活動での業界・企業分析しかり、社内での政治しかり。

自分が勝負しようとしている市場はどんな特徴があり、どんな人たちが存在しているのか。ぜひとも書き出していってほしい。頭の中で考えていてもわからないが、書いて書いてカテゴライズしていくことで、「使える分析」となるはずである。

第２章まとめ

・ブスは勉強すべし
・本能レベルの欲望を勉強のためのエネルギーにする
・市場を細分化し、ターゲットを絞って商品改良をする

第3章

神童から
ただのブスへ

【行動提案】

武器を増やし総合点を上げる

【マーケティング戦略】

3C分析

神童からただのブスへ

高校時代。女子校はとても楽しかった。

ただし、トップ校である。

いままで田舎の中学校で神童と呼ばれてきたが、県内各中学校の神童たちが集まった高校。すぐに成績はビリへと転落した。

一時的に満たされた承認欲求はガタガタと崩れ落ちていった。

「頭のいいブス」が「ただのブス」になった瞬間だった。

どんなに計画を立てて試験勉強をしようと、もはや私はトップにはなれない。

ひとつ上の学年に、こんな先輩がいた。

超美人。スタイルはモデル級。

いつも小さいバッグを持っていて、そのなかにはお財布が入っていない、という噂(うわさ)だった（つまり常に男性が払ってくれる）。

勉強、たぶん全然していない……。楽しく生きている（ように見えた）。それでいて成績はトップ。現役で慶應義塾大学にスルッと合格。

その後の経歴も華々しく、いまやだれもが知る有名人だ。

本当にこんな人がいるんです。

超一流の場には、超一流の人たちが集まっている。それはもう、死ぬほど努力して勉強しても、追いつけないものだった。

自分の強み（勉強）がまったく通用しない場所に来てしまった。

つまり、**市場が変わったのだ。**

縮毛の激化

唯一の自分の売りであった勉強で太刀打ちできなくなった私は、自暴自棄になった。

何を思ったのか、マンドリン部に入ってしまった。マンドリンは楽しかった。女子だけでわいわいしながら、切ない音楽を奏でまくっていた。マンドリンとはあの無印良品店でも流れている「かなかな――」というヒグラシの鳴き声のような楽器である。

「だれか私の体という楽器を奏でて」

という思いもあったが、女子校だし、まったく男に縁がなかった。しかもがんばって勉強しても成績が悪い、男もいない、ストレスで太る。最悪だ。

学校までは電車通学。電車で男子高校生を見かけることもあった。

「近づきたい。やりたい」

そんな妄想が膨らみまくっていた。

高校時代にやるのは無理かもしれない。ただ、できるかぎり見た目には気をつけよう。

そのころ縮毛矯正というものが安価で提供されはじめた時期だった。幼少期、坊主頭にされたおかげで、私の髪は超剛毛。しかも、変にうねりもある髪だった。

そこで、おこづかいを貯めて、縮毛矯正に行った。

薬剤が合わなかったのか、私の髪のせいなのか定かではないが、**縮毛矯正に行ったのに、縮毛になった**のだ。

チリチリになった。理科の実験で使ったあの燃やすと酸化鉄になる綿あめみたいなスチールウール。そんな頭になってしまったのだ。

マンドリン部なのに、レゲエ好きかのようなパンチのある髪型になってしまった。

一度チリチリになってしまった頭はどうにもできない。もう、伸びてくるのを待つしかない。こんな頭では一生彼氏なんてできないと思った。

早く伸びてきてほしいので、父親のヘアトニックも使った。全然効果はなかった。

しかし、縮毛矯正で縮毛になったことで何かが開けた。

みんなが私の頭を笑ったのだ。笑われたことがうれしかった。おそらく注目をあびてうれしかったのだ。

共学であれば、男子の目があり、登校拒否をしていたであろう。それが、女子だけだったため、そこまで気にせず通っていた。それがよかった。

一芸を取得して、「おもしろいブス」に

そして、笑われたことをきっかけに、一発芸を持つ女になろうと試みた。

一発芸はふたつある。

1. 新人花火師とベテラン花火師の違い
2. 毛の生えた気孔

言葉では伝えられないし、いま思うと何がおもしろいのかまったくわからない芸であ

る（「言葉でおもしろさを伝えられないならカットしてください」と編集者に言われたが、この本が発売後、うっかり重版なんてことになった暁にはフェイスブックで動画を公開しようと思います……）。

頭をチリチリにし、ウケない芸を身につけた、男にまったく縁のない女子校時代だった。ただ、芸を取得したおかげで、人前で何かをするということに抵抗がなくなった。このふたつの芸は、女子校時代だけでなく、意外にもずっと長く武器になった。

市場が変わったとき、商品を変えなくてはいけないという教訓も、高校時代に得た。中学時代の周囲の評価は、「ガリ勉ブス」。高校時代は「おもしろいブス」となったのだ。

おい戻ってこいブス！

うちの女子校は進学校であるにもかかわらず、めちゃくちゃなギャルが存在していた。どうやったらそんな色になるのかというくらいの金髪、長い爪、ルーズソックス。ギャルたちには彼氏がいた。そんなギャルたちを見ていたら、自分なんて髪の毛チリチリだし、男の人とお付き合いをするなんて恐れ多くて何も行動することができなかった。だが、近隣の男子校の文化祭へは必ず行った。しかし、話しかけることができたのは、案内板を持っていた先生にだけだった。

何度も足を運んだが、いちばん話したい男子校生とは話すことができずに終わった。

そこで、よくあるブスのパターン。

身近の男が無理ならアイドルに逃げようというやつだ。

その当時、ジャニーズ事務所から嵐がデビューした。代々木(よよぎ)で握手会をしたときには、朝四時から並び、午後二時にやっと松潤(まつじゅん)と櫻井翔(さくらいしょう)と握手ができた。

めちゃめちゃかっこよかった。

人生ではじめて、イッた瞬間かもしれない。やってもいないのにイッた。絶頂を迎えた。

しかし、彼らとやることは一生無理だ。

アイドルが作り出す空想世界に身を置くことは心地いい。そこにずっと身を置いてしまうと、現実に戻れなくなるかもしれない。だからこそ、長く空想世界に身を置くべきではない。現実世界で戦わなければならないことを思い出せ。

ここでまた編集者から質問があった。

【質問】

空想世界に身を置いているブスが、現実世界に戻ってくる方法を教えてください。

何をすれば戻れるんでしょうか？

「ブスだから現実世界の男に相手をされない」という固定観念がある。だから空想世界にいくのだ。

そこで提案がある。街に出てほしい。街に出て、通りが見えるカフェでじっと窓の外を見ていると、何が見えるだろうか。

ブスでもデブでも彼氏と手をつないで歩いていることがある。

ブスでも彼氏がいる人はいくらでもいる。彼氏のいるブスを見ることによって、自分にも彼氏ができるかもしれないという気がしてくる。つまりリアル男子へのハードルが下がるわけだ。

空想世界から戻る方法、それは街に出て成功しているブスを探すことだ。

ブスの作業 7 競合比較

「偏差値の高いブス」から、「ただのブス」になった。

市場が変わったからだ。そこで、一芸を身につけるという商品改良をして「ただのブス」から、「おもしろいブス」となり、顧客のニーズを満たした。

市場は変わる。競合もどんどん変わる。これはもう避けられない。

どんな優良な商品も市場が変われば価値が下がる。美人だってそうだ。田舎の「美人」は、都会に出たら「まあまあかわいい」になる。「絶世の美女」も経年により、「昔美人だったおばさん」になる。

しかし、自分の要素のなかで、普遍的でかつ劣化しないものを見つけ、それを伸ばすことで価値の延命はできる。

これはビジネスの世界では当たり前のことだ。「市場」について、少しだけ解説させてほしい。

市場とは、買い手＝顧客がいる場所である。

商品と顧客のニーズが合っていれば、商品は市場で売れる。

しかし市場は変化する。変化にはさまざまな要因が引き金になるが、商品価値が下がるときは、「競合他社」の存在が原因になっていることがほとんどである。

たとえば、ブラジャー。ワコールやトリンプなど老舗ブランドが有名であったが、近年は「ブラトップ」というワイヤーなし商品を編み出したユニクロ（ファーストリテイリング）が、競合として台頭している。二〇一六～一七年に二十～五十代の女性六百人を対象とした調査（日経ＭＪ紙が実施）では、約一割がノンワイヤーブラにシフトしているという。

着心地をラクにしたいという消費者ニーズの変化を汲み取ったことにより、ワコールの売上シェア（約二十％）に、ファーストリテイリングがせまる勢いとなった。

正しい競合比較をするために必要となるのが「3C分析」だ。

専門用語をあまり出したくないのだが、「3C分析」という言葉だけは覚えてほしい。

3Cとは、
顧客（Customer）
競合（Competitor）
自社（Company）
である。

用語解説

3C分析

マーケティングなどにおいて顧客、競合、自社の観点から市場環境を分析し、経営戦略上の課題を導く分析方法のひとつである。

中学校という市場では、田舎の先生や親が「顧客」であり、同級生が「競合」であったため、私という自社商品の強みは偏差値七十であった。「学力」ただ一点だけで勝てたのだ。

しかし、高校という市場では、まず競合が「埼玉県中の神童」に変わった。それによって、偏差値が五十になってしまった。「学力」自体は変わっていないのに、競合の変化によって商品価値が下がったのだ。

このとき、**「学力」ただ一点で勝負することのリスクを、思い知った。**

78ページの図は、中学時代と高校入学当初の私の3C分析である。

この図をもとに商品改良（一芸獲得）したのが、79ページの図だ。

市場が変わると同じ商品でも評価が変わってしまうが、商品改良により違う顧客を得たり、価値を上げることが可能である。

あなたも必ず3C分析をしてみてほしい。

あなたの顧客はだれか。

あなたの競合はだれか。

競合に勝っている部分、負けている部分は？

それを書き出す作業をしてみること。

競合はだれかがわかったら、競合がどういう点で顧客に評価されているのかを冷静に考えるのだ。

ある知人の話。

会社で評価されないことに立腹した知人は、カラーコーディネイターの資格を取って、

3C分析	中学時代	高校（入学当初）
顧客 Customer	中学の先生 親	高校の先生 親
競合 Competitor	田舎の同級生	埼玉県中の神童
自社 Company	田村麻美	田村麻美
	←同じ学力→	
評価	神童	**ただのブス**

3C 分析	中学	高校 （入学当初）	高校 （商品 改良後）
顧客 Customer	中学の 先生 親	高校の 先生 親	**高校の 友だち**
競合 Competitor	田舎の 同級生	埼玉県中 の神童 ←同じ学力	**埼玉県中 の神童** →
自社 Company	田村麻美	田村麻美	**一芸を 極めた 田村麻美**
評価	神童	ただのブス	**おもしろい ブス**

抜きん出ようとしていた。

「なぜ能力のない同僚と同じ給料なのかわからない！」

と。でもその商品改良は意味がないということが、周囲の友だちはみんなわかっていた。「私、朝四時に起きて勉強している」と言っていたが、それも意味のない努力。なぜなら彼女の競合は同僚女子ふたり。その女子は、「能力や資格」で評価されているのではなく、「人柄のよさ」「仕事の頼みやすさ」で評価されているようだ。

顧客である上司のニーズは「人柄のよさ」「仕事の頼みやすさ」なのに、資格を取っても無意味だ。彼女がとるべき行動は「資格や能力」が評価される場所への転職か、「仕事を頼みやすい」と思ってもらえる商品改良かの二択である。

顧客のニーズ、評価のポイントを間違えると、こんな悲劇が起こるので、くれぐれも注意することが必要である。

ブスの作業 8 武器を増やし総合点を上げる

中身が同じブスと美人がいたら、どちらを選びますか？

美人ですよね。

では、英語が堪能なブスと英語ができない美人がいたら、どちらを選びますか？

やはり美人だよという人も多いだろうが、海外に住みたい人であれば英語ができるブスを選ぶかもしれないのだ。

英語ができなかったらまったく選択肢に入らなかったであろうブスが、英語ができることにより選ばれるかどうかはさておき、選択してもらえる土俵に上がれるかもしれない。

ポイントはそこで、ブスは土俵に上がれる確率を一％でもいい、コツコツ上げていく必要がある。

なので、自分の得意分野を磨き、ひとつでも多くの武器を身につけてほしい。ひとつの分野を深くやるのでもいいし、複数の分野を浅くでもいい。料理でも裁縫でも何かができることは自信につながる。

どんな武器を身につけるべきかわからない読者のために、少し例を出してみる。

【ブスが身につけるべき武器〈能力〉】

料理

裁縫

美しい文字

マッサージ
掃除
お金の管理
語学

また、男性の理想の女性は母親であることが多い。これから新しい武器を身につける場合、自分のなかの「お母さんぽいところ」を探し、そこを伸ばす意識でいるとうまくいく。

［ブスが伸ばすべき特性］

素直さ
ほめ上手
ニコニコしている
子ども好き
音楽好き
気遣いができる
愛情表現をよくする

小さな武器をコツコツと身につけたあと、第1章のグラフ（39ページ）をもう一度書き込んだら、何点になるだろうか。

これは五教科評価なのだ。

理科が零点でも英数国社が九十点なら、総合点は三百六十点になるのだ。

見た目が零点でも、経済力、学歴、居心地、相性が九十点なら総合点は三百六十点になる。

人間、単純な数値ではかれないが、武器は多ければ多いほうがいいのだ。

中学で神童と呼ばれた私は、高校入学と同時にただのブスになった。

それは「学力」というたったひとつの武器しか持っていなかったからだ。

社会を生き抜いていくとき、ひとつの武器だけで勝負するのはリスクが高い。冒頭で警鐘を鳴らした通り、絶世の美女であっても「美貌」というただひとつの武器しか持っていなかったら、経年劣化したとき、悲劇でしかない。

ブスの作業 9　話しかけられやすいブスになろう

私が一芸を身につけたのは、だれかに気づいてもらうことの大切さを実感したからだ。

美人は何もしなくても、立っているだけ座っているだけで目線を向けてもらえるし、話しかけてもらえる。

ブスはどうでしょうか。

立っていても座っていてもただのブスです。

話しかけるメリットはない。存在に気づいてもらうこともない。

だからこそ、私は芸を身につけた。バカみたいだと思うだろう。書くだけでもさむい、イタイ提案であることは百も承知である。

芸を身につけて人前で披露する。

ウケない。へこむ。ウケるようにがんばる。

この繰り返しをしていくことで、先陣をきって人前で何かをしたくなるのだ。

一芸というのがハードルが高ければ、「話しかけられやすいブス」を目指してほしい。

総合点を上げるという以上に、「話しかけられやすいブス」という武器は、汎用性(はんようせい)があり、どんな市場でも通用する鉄板の武器といえる。

だからすべてのブスにこの武器を身につけてほしい。

ポイントは三つ。

1. いつもニコニコ感じよくしている

２．否定的、批判的態度を表に出さない
３．洋服や髪型で清潔感を保つ

　１の「ニコニコ感じよく」というのは、言い換えると「機嫌のよい人でいる」ことである。私は常々、「いっしょに仕事をしたいと思われる人」こそが、「仕事ができる人」なのではないかと思っている。語学ができる、情報処理が速いなどのスキルがあるに越したことはないが、人間の能力ってそんなに大差ない。みんな「能力がある人」より、「ご機嫌な人」と仕事がしたいはずである。

　２の「否定的、批判的態度を表に出さない」というのは、当たり前のことである。だれだって自分の話を「でも」とさえぎられたり、「あなたのやり方が悪い」と責められたりはしたくないだろう。ましてやブスがそれをやったら目も当てられない。不機嫌で否定的、批判的態度でいるブスは、自分を客観視できないことを証明しているわけだ。

　３の清潔感。これは次章で詳説する。

だまされたと思ってこの三つを心がけてほしい。ぜったいに世界が開けるから。

第３章まとめ

- 市場は変わる
- 市場の変化に対応するために、競合比較と商品改良をする
- ３Ｃ分析で、「自分の競合」を特定し、競合が何で評価されているのかを知る
- 小さな武器を増やして総合点を上げる
- 一芸を身につけて「おもしろいブス」になろう
- 鉄板の武器である「話しかけられやすいブス」になろう

第４章

ブスが処女を捨てるとき

【行動提案】
最低限の見た目レベルアップ／告白／処女を早く捨てる

「二十歳までに初体験」という明確な目標

大学生になった。立教大学に入学した。

もはや現役で大学に行くのは不可能かと思われた。高校時代は成績が常に悪かったからだ。勉強をしてもしても、みんなが優秀すぎてまったく歯が立たなかった。

しかし、進学校であったことが、この後の私の学歴を救った。指定校推薦の枠ががら空きだったのだ。

私は率先して推薦枠に手を挙げた。みんなが滑り止めで受ける大学の合格を、指定校推薦で高三の九月に勝ち取ったのだ。

多くの生徒は、早稲田や慶應を第一志望で受け、合格しなかった人が、私が手を挙げた立教あたりに落ち着くのが通例だった。

つまり、私は最短ルートで合格を勝ち取ったのだ。

うれしかった。

もう勉強しなくてもいいんだ。

大学に入ったら、遊ぼう。

まず、処女からの脱却をいちばんの目標に掲げた。

二十歳までに処女喪失。

この本能レベルの目標を達成することだけが、わざわざ共学の大学に入った目的だった。

とにかく、やってみたい。**セックスがどんなものなのか死ぬほど興味があった。**

自分がブスということを忘れるくらい、やりたかった。

大学に入るまでに私は自分のエロを育て上げてしまっていた。育ちきったエロはもう止められない。「Can't stop ero.」

しかし、処女の私はまだだれでもいいなんて言えなかった。

ブスでも好きな人とやりたい

「はじめての人は、好きな人がいい」

そう思っていた。

なんて傲慢(ごうまん)なブスだろう。

しかし、私は顔の許容範囲が広すぎて、とりあえず目についた人はたいていOKで「好きになれる」のだった。

入学してすぐスキーサークルに入った。もちろん、スキーに一切の興味はない。あるのは下心だけだ。

入部してすぐ男の人を物色した。第一印象でいいなあと思ったのは、ある先輩だった。聞いたところによると彼女がいない。しかもいままで彼女がいたことがないという童貞なのだそうだ。

私は言った。先輩のいない飲み会で。

「え、あの先輩、彼女いないんですか。かっこいいじゃないですか。信じられないです」

と。

「え、まみちゃんタイプ?」

「タイプっていうか、かっこいいなあって」

いま思うと無意識の発言だったのだが、これがまわりまわって彼の耳に入るわけだ。おそらく悪い気はしなかったであろう。第三者から「かっこいい。彼女いないの信じられない」と聞くわけだから。

この第三者というのがミソで、対面で直接本人に言われるより、真実味があり、優越感を得られる。

どうやって付き合うことになったか。

だめもとで告白をしたのだ。

もうやりたい気持ちがはやりすぎて、振られるのなんて怖くもなんともない。

入学してすぐの四月下旬の連休におこなわれたスキーサークルの新歓合宿。夜は飲み会だ。私がその彼のことをいいなあと思っていることはまわりも知っているし、彼も知っている。ひやかされるわけだ。そんななか、ふたりだけになる機会があり、改めて告白をし、お付き合いすることになった。

付き合いはじめて一カ月が経ち、はじめてお泊まりすることになった。

「今日、処女喪失する！」ということで、私は新しいパンツに足を通した。

昼間はデートした。

ランチした。夕飯も食べた。

泊まることはすでに決まっていたので、その日のすべての行動が前戯であった。

ホテルに入り、シャワーを浴び、いざベッドへ。ここで、「エルティーン」の知識が役に立つ。お互いはじめてということで戸惑いもあったが、無事に貫通。本当に、「エルティーン」に書いてあった通りの行程をたどった。

痛かった。

しかし、痛みよりも、やっと長年の目標が達成されたことによる感動が上まわった。十八歳。期限より二年も早く、目標の処女喪失ができたわけだ。

ずっと目標にかかげていた、やる、ということをついにやり遂げた。初貫通の痛みよりも長年の目標を達成したことに涙が出た気がする。

女としての承認欲求を満たしたのは、人生ではじめてだった。

彼氏ができて処女喪失したことは、驚くべき効果があった。

好きな人が自分を好き。

自分という商品が売れた瞬間だ。

そのとき、あの「総合点の図表」やら、「コツコツと身につけた武器」やら、すべてのものがリセットされたような気がした。人間そのものを肯定されたような気がした。

うれしくて彼氏とやりまくった。本当に楽しかった。

自分の戦略を信じ、行動し、結果を出せたのだ。

ブスでなければ別れなかった

はじめての彼氏だった。

一生添い遂げると思った。結婚して苗字が変わることも考え、名前の練習もしていた。しかし一年で破局。この世の終わりのような感覚に陥った。

付き合っていたのは大学のひとつ上の先輩だった。私ははじめての彼氏ということでとても舞い上がっていた。

しかし私はブスでした。

彼が、まわりの友だちから「お前の彼女かわいくないな」と言われていたようなのだ。そしてそのことを私に言うのだ。

「○○が麻美のことかわいくないって言ってた」

実家に置いておいたプリクラを見て、彼のお母さんが、

「あんたの彼女、かわいくないわね」

とも言ったそうな。

周囲から言われたことを私に言ってしまう彼もどうかと思うが、私は腹が立つどころ

か、申し訳なさで胸がいっぱいになって、

「ブスでごめんなさい」

と思っていた。

私はブス、ブス、ブス。

自虐的な気持ちでいっぱいになった。いまならそんなこと言うヤツとはすぐ別れなさいと思うのだが、当時の私は、彼と別れたら次の彼氏は絶対にできないと思っていたので、別れられなかった。

自分の彼女が周囲からかわいくないと思われている。

そのことに耐えられなくなった彼は、別れ話を切り出してきた。けれども私は、

「きっとまた好きになってくれるはずだ。いつか内面を見てくれるはずだ」

そう願って、いつか変わってくれると思い、しがみついていた。DV夫を持つ妻の考えにそっくりである。

サークルという狭いコミュニティで付き合ったがゆえに、「あいつの彼女はかわいいのに、お前の彼女はブス」という比較がしやすい環境だったのがまずかったのかもしれない。

私は別れたくなかった。

彼が好きだからではない。

別れたら「彼氏のいない人」になるからだ。

でも、やりたい。人にふれたい

あっけなく振られた。別れたくないとすがったけど、ダメだった。もう彼氏なんて一生できない。セックスなんて一生できない。もうお先真っ暗。

埼京線の車内で、槇原敬之（まきはらのりゆき）の「もう恋なんてしない」を聞きながら、泣いていた。友だちと会うたびに失恋話をして号泣。

何をしても何を見ても涙が出ちゃう、かわいい女子だったわけだ。

しかし、時間というものは流れるもの。

そして、それとともにエロへの欲求が復活してきた。

さみしい。やりたい。さみしい。やりたい。**さみしい。やりたい。やりたい。やりたい。やりたい。**

セックスがそんなに気持ちよかったのか。

そうではない。

肌と肌がふれあうことに、自分の存在意義を見出すことができた。セックスの最中は自分の存在意義を感じられたような気がする。

あの存在意義、承認感覚を味わいたい。

やるために、また彼氏をつくろうという思考に着地した。失恋のつらい気持ちも、結局「またやりたい」というエロの欲求に救われた。

エロは地球を救う。

エロはＡＩがどんなに進んでもなくならない。自動化できない。肌にふれたい。

ブスの作業10 「最低限」の見た目レベルアップ

完全に見た目が原因で、はじめての彼氏に振られた私。

見た目ゼロ問題をここでもう一度取り上げてみよう。

第1章で自分の見た目を「ゼロ」と定義したが、実は「ゼロ以下」というメモリもあった。

マイナスになる要素は、不潔感だ。

そして、「服がダサすぎる」というのもマイナスポイントかもしれない。

大学一年生のときの私は、完全に間違ってしまっていた。

・金髪に近い茶髪
・風呂嫌いゆえの不潔
・変な服

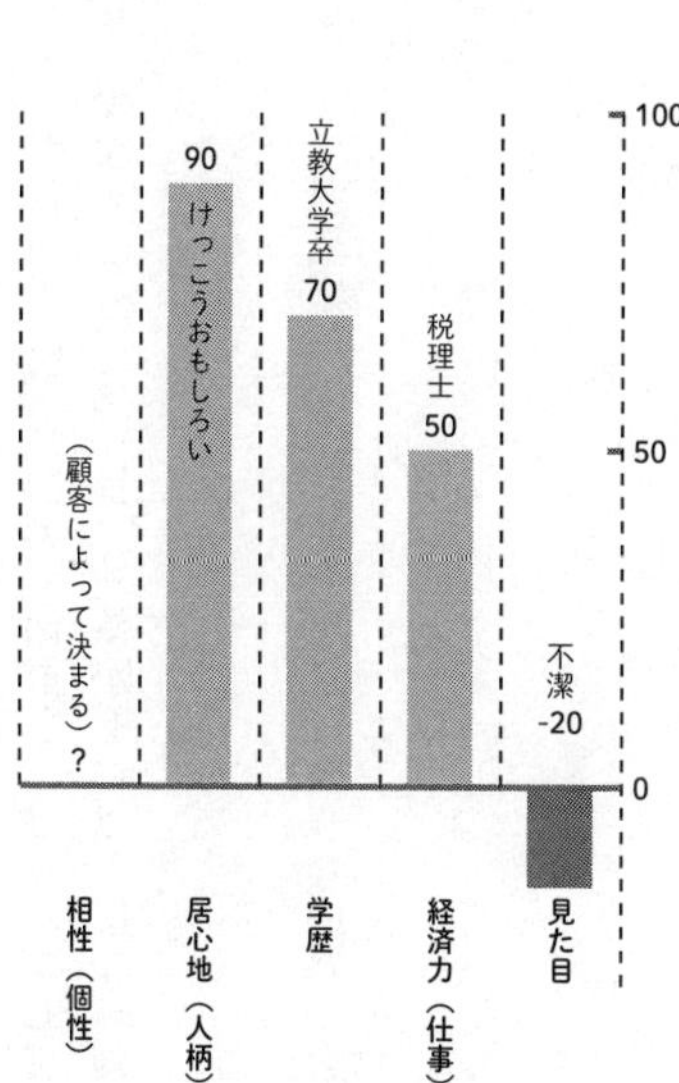

見た目が理由で振られたことで、最低限の「清潔さ」はキープしようと誓った。読者のみなさんも、少なくとも「見た目」数値がゼロ以下にならぬよう次の作業をしていただきたい。

・毎日風呂に入る（私は風呂嫌いでいまでも毎日は入らないが、合コン前やデート前には必ず入った）
・鼻の下の毛をそる
・腕の毛をそる
・腋毛（わきげ）をそる
・デコルテをきれいにしておく
・うなじをきれいにしておく
・髪のキューティクルを維持（美容院は月に一回）
・眉毛処理
・いびきをかかない→適正体重
・ナチュラルメイク

自分でできないというなら、お金か人の力を借りなさい。

- デパートの化粧品カウンターに行き、予算三万円で自分に合うスキンケア・メイク道具を美容部員さんに選んでもらう
- 眉毛スタイリングを予約してみる
- 脱毛サロンに行く
- ネイルサロンで爪のお手入れをする

特別なことはしなくてもいい。というか、する必要はない。

実は、私は「かわいくなるための努力」はしたことがない。**「見た目」に投資してもリターンが少ないことをよくわかっている**からだ。

「かわいさ、美しさ」ではなく、**「お手入れされた清潔感」**がブスのゴールである。

そして、前章で言及した「話しかけられやすいブス」になるためにも重要である。不潔で、お手入れされていない人に、だれも話しかけようとは思わない。美人も不潔だったら、美人に見えないであろう。

ブスの作業 11

ダサさからの脱却

引き続き、見た目に関する作業だ。洋服と髪型についてである。

ここでも、「かわいさ、美しさ」は目指さない。

ファッションにはいろんな好みがあるだろうが、あえて自意識を捨て、自分という商品を恋愛市場でもビジネス市場でも「売れるもの」にする、という思考に切り替える。

ブスがファッションに取り組むときに、くれぐれもゴールを間違えないでほしい。

×　ファッションセンスがいい人

○　全体が違和感なくまとまっている人

×　流行最先端の目立つ人

○　自分に合った服を着ている人

ファッション初心者が自己プロデュースするのは、相当難しい。

中学時代
「NIKE」のベレー帽。完全に「おしゃれ」を間違っている。

→

高校時代
女子校で「おもしろいブス」として生きていた。ラルフローレンのベストにルーズソックス。女子校カースト的には○だったが、まったくモテないし、相変わらず顔がでかい。

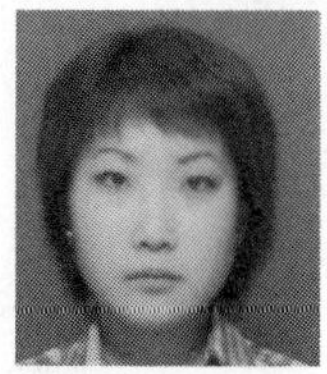

大学時代
何を思ったか細眉に茶髪のヤンキースタイル。大学デビュー。

→

22歳
当時の彼氏の趣味で「ジャージおしゃれ」をしていた。体育教師にしか見えない。

→

24歳
ヤリマン時代。特に主張なし。そのへんのファッションビルで買ったとりあえずの服を着ていた。

26歳
「CanCam」ファッション時代。少しやせて、ロング巻き髪にコンサバファッションという「女子アイコン」だけでけっこうモテた。

→

29歳
村役場時代。「うちの息子の嫁に……」と言われそうなくらいおぼこい印象。夫と付き合って満たされていたからか、とんがってない。

→

現在
キャラクター確立。「足立区の気さくな税理士」として、斜め前髪、ずれ落ちている眼鏡。はい、すべて戦略です。

「無難さ」「まとまり」を求めて、ユニクロや無印良品に走りがちだが、ちょっと待った。

なぜかユニクロと無印良品だけでまとめると、やぼったくなるのだ。

そこでおすすめなのが、NATURAL BEAUTY BASIC「ナチュラルビューティーベーシック」だ。

なんてわかりやすいブランド名だろう。

基本的なところをおさえて、自然にきれいに仕立てますよ。「困ったら、うちきて！」。

そう言ってくれてるのだ。

ネットで買わずにまずはお店に行き、店員さんにトータルのコーディネイトをつくってもらえば安心である。

次は髪の毛である。

ぼさぼさだったりしないか？

その髪型は似合っているのか？

自信がないのなら、美容師さんにお任せしてみよう。新たな発見がある。

私はいままで、顔がでかいことを気にしすぎて、前髪を長くしていることが多かった。

さらに保守的な性格ゆえ、ショートでなくセミロング時代が長かった。

しかし、いまの美容師さんに出会い、前髪を眉毛よりも上にされ、しかも、ショートヘアに加工された。

はじめは拒んだ。そんな冒険したくない。しかし、だ。いまとなってはお気に入りの髪型であり、まわりからの評価も悪くない。いままで髪型について何も指摘されたことがなかったのに、髪型から会話がはじまることも増えた。

おそらくブスたちは自分に自信がなさすぎて、ファッションに興味を持ちたくても持てない人間も多いはずだ。

しかし、プロの力を借りることで、変わることはできるのだ。

ブスの作業12 目標には期限を設定しよう

二十歳までに処女を脱しよう。そう心に決めていた。大学に入学したのは十八歳。そこから、**処女を捨てることしか考えていなかった**。その目標のためにがむしゃらに行動した。

ブスの目標の立て方にはポイントがある。

必ず「いつまでに」という期限を設けることだ。たとえば三十五歳までに結婚するとか。

なぜならば、期限を設定しないと行動ができないからだ。

本書の目的である、ブスの結婚と起業には、やはり旬と時間的縛りがある。身も蓋もないけれど、たとえば子どもを産みたいならば、「月経がある期間」という期限がある。

高校受験のときも「期限」があったのでがんばれた。

定期テストも「期限」があるから計画的に勉強できた。

現在、税理士としても「申告期限」があるからこそ、体が動く。

ライザップに入会して十キロやせた。五カ月という期限を設けて、しかも七十万円かけてやせた（そして、リバウンドし、またダイエットにはげんでいる）。

私は自分という商品を熟知している。自力でやせるなんて、ぜったいに無理だとよくわかっている。怠惰な自分への罪悪感は一切ない。「自分を知っている」ことを、誇りに思っているのだ。

話を戻すと、

「期限を設定するから行動ができる」

というのは、私の数少ない信念だ。

そして、

「行動さえすればなんとかなる」というのは、いちばん強い信念かもしれない。

本能レベルの目標設定をし、期限を設けるだけで行動しやすくなるはずだ。

ブスの作業 13　告白

好きな人ができたとき、行動しなくてはいけない。とはいえ、むやみやたらに告白しては自爆してしまう。いつも「目的」を意識すべきだ。

ブスの告白は二パターンある。

①振られたら困るシチュエーション（社内、サークルなど）

本人にではなく周囲に、彼をほめたたえるようなことばかり言い続ける。ここで「好き」と言ってはいけない。ほめている情報がまわりから伝わっていき、脈があるならば相手から近寄ってくるはずだ。

ブスはとにかく告白しまくったほうがいい。

しかし、パターン①の状況。その後も関係性は続くので、ハッキリ「振られる」事実を残したくないであろう。

私が最初の彼と付き合えたのは、

・まわりに「気がある」アピールをして、

・まわりの助けがあり、

・彼の気分をよくしたから

だと思っている。

ほめられてうれしくない男はいない。

「かっこいいですよねー」

「いい人ですよねー」

という周囲へのアピールは、直接本人に、

「好きです」

と言うより効果がある。

「彼氏だったら彼女幸せだろうなー」

「やさしいですよねー」

と周囲に言っておくと、高い確率で彼に伝わる。気になっていれば、寄ってくる。だめだったら、こないだけなのだ。

直接コクっていないので、寄ってこなかったとしてもへこむ必要はない。へこむかもしれないが、対外的に振られたということにはならないから、堂々と存在し続けられる。まずは、「気がある」アピールをしよう。

②振られても困らないシチュエーション（合コン）

合コンで出会った人や日常的に会わないコミュニティの人には、直接好意を伝える。振られても痛くないので。

ダメだったら、次にいけばいい。ブスなんだからそんなにすぐうまくいくわけなんてない。そう思って、とにかく気になった男に告白する。まわりの目なんて気にしない。②の合コンでのふるまいについては、次の章で詳説する。めっちゃくわしく説明するので、ぜったいに読んでほしい。

ブスの作業14　処女を早く捨てる

十八歳で処女喪失。これが、本当にその後の人生に有効であった。

一度「選ばれた」ことで、自信がついたのだ。

自信がついたことで、可動域が広がり、多くのチャレンジをすることができた。チャレンジが失敗に終わることも多かったが、それでも行動の積み重ねが実績につながったのだ。

この章を書くにあたり、編集者からまた質問がきた。

【質問】

処女を早く捨てろとのことですが、生理的にセックスできるかできないかで告白しまくっていいのでしょうか？

好きじゃない人（恋していない人）に告白してもいいんだろうか……。

いいと思う。

生理的にセックスできる（したい）ということは、本気で好きになれるかもしれないというシグナルだ。

というのも、持論として、どんなに好きだーと思った相手でも、付き合ってみないとうまくいくかわからない、というのがある。

相性がいいかどうかもわからない（相性というのは体の相性だけでなく、会話や生き方のセンスのようなもの）。

これはビジネスの世界といっしょで、どんなに緻密な計画を立てて実行したとしても、実際にそれが成功するかはわからない。

「事件は会議室でおきているんじゃない。現場でおきているんだ」

と織田裕二は言っていたが、まさにその通りで、現場に出る前の妄想が合っているかどうかは、現場に出てみないとわからない。

妄想と現実は、やっぱり全然違うのだ。

だからこそ、「本当に好きかどうか」「彼は私を好きなのか」なんて、考えすぎたら時間の無駄。

粘膜と粘膜の接触ができるか否かを重要基準で考えることが、もっとも合理的な判断方法なのだ。

「好きになれない」「出会いがない」という方。

美人なら受け身でもいいかもしれない。

しかし、あなたはブスだ。

ブスが受け身でどうするのだ。

ブスは待ってちゃいけないんです。

受け身なブス。だれが声をかけますか？　だれが出会いを持ってきてくれるの？

声をかけるのはあなたのほう。

出会うきっかけをつくるのも、あなたのほう。

よく考えてみてほしい。アイドルになりたい普通の子が、ただ待っているだけでスカウトされるわけはない。履歴書を送らなければ存在さえ知ってもらえない。

入社したい会社があったとして、待っているだけで声をかけられるわけはない。

それなのに、なぜ、こと恋愛ともなると、「自然に出会って恋に落ちる」という非現実的な幻想をいだいてしまうのだろう。

出会いはつくらなければならないのだ。

まず「処女喪失」を目的にしてほしい。「彼氏をつくる」「付き合う」ということとは別に考えてほしいのだ。

処女喪失の手順を整理してみよう。

・出会いの総量を増やす（合コン、市民サークル、会社の部活参加など）

↓

・出会いの総量が増えると生理的にOKな人も増える（たとえば職場の男五人のなかから「セックスできると思う人」を選ぶのは確率的に厳しいが、学年百五十人のな

かだったら「好きな人」ができたはず。とにかくまずは「母数」を増やす）

・母数が増えたところで、生理的にＯＫ、「けっこう好きかも」の人を片っ端からデートに誘う。複数同時に誘ってＯＫ。そのほうが精神的余裕が生まれる

↓

↓

・見事処女喪失

もちろん、はじめてのセックスがいやな思い出になるのはよくない。

でも、「セックスの瞬間だけ好き合ってる」という感覚で、じゅうぶん幸せになれるはずである。

一度セックスするだけで彼女になれなかったとしても、「やり捨てられた」とは思わないでほしい。受け身ではない。こっちが「やり捨てる」のだ。

私は、彼氏がいないあいだは、フリーセックスを楽しんだ。当時の私にとって、セックスとはスポーツだった。愛の交換なんかではなかった。

処女を十八歳で喪失できて本当によかった。

一秒でも早く、処女を捨てなさい！
ブスほど早く、処女を捨てなさい！

ブスにとって、処女喪失ほど可動域を広げるものはない。本書冒頭から口を酸っぱくして言っている、「行動する人」になるには、性交体験が手っ取り早い。

しかし、周囲を見渡してみると、年をとる前に処女を捨てたいと考えていながらも、はじめての相手に関しては慎重に選びすぎている節があるように感じる。

人生百年時代と考えると、仮に処女を二十歳でいただいてくださった方とその後八十年間いっしょにいるというのは幻想だろう。

数人なのか数十人なのか数百人なのかはわからないが、結婚までに出会いと別れを繰り返すのが一般的であるならば、「処女」に幻想をいだく必要はないことになる。と考えるとだ。「初体験は大事な経験」と考えすぎるのは時間の無駄だ。人間一度経験したことは心理的ハードルが低くなり、行動しやすくなる。

私が合コンに行きまくる行動力を得たのは、やはり処女喪失が大きな自信になったからだ。

私でもやれる。私でもできた。

あ、この章、マーケティング関係なかったですね。

第４章まとめ

・「見た目」をマイナスからゼロに
・目標には期限を設ける
・どんどん告白してみる
・処女は早いうちにもらっていただく

第５章

百回の合コンで学ぶ

【行動提案】

自己紹介のテンプレを準備／ほめ会話を続ける／自己PR禁止論を唱和／さわれる店を選ぶ

【マーケティング戦略】

市場調査

「ブス合コン」は場数である

はじめての彼氏に振られた私を、ヤリマンの友だちが慰めてくれた。

「合コンをしよう」

そう言って誘ってくれた。

何を隠そう人生初の合コンだ。大学に入って、すぐに彼氏ができたので、合コンに行く必要がなかったのだ。

誘ってくれたのは、同じスキーサークルのふたりだった。

目力が強く八代亜紀似、足は細いのにスタイルはイマイチ、だけど男が途切れないA子。

そして、日本人では物足りず、米軍兵士命で横須賀基地周辺で声をかけられるのを待ち続けるB子。B子は米軍兵士のイチモツがでかすぎて、大事なところを切ってしまったという逸話つきの女だ。

A子もB子も「本命の彼氏」という概念はなく、いつも彼氏が数人いるような女どもであった。そして、どちらも決して美人でもないし、かわいくもない。

合コン参加においては、それぞれ一回は幹事をやること。そういうお達しが出た。忘れもしない大学二年の七月の土曜日は、かわりばんこに幹事をしつつ、毎週合コンを執りおこなった。

まずは、私が幹事の合コン。

当時、バイトで塾の講師をしていたのだが、その正社員の男性たちに声をかけた。

「○○先生……わ、私、一応、女子大生集められるんですけど……飲みませんか」

ブスのくせに、男性の心をくすぐるキーワードだけは知っていたので、「女子大生」という単語を連発して即開催が決まった。

三名対三名で執りおこなった。

合コンとは難しいものだ。私が声をかけた幹事の男性はなかなかのイケメンではあったが、そのほかの二名が、イマイチだったのだ。見た目だけではない、会話もだ。

合コンの途中で、米軍B子はたばこを手に取り吸いはじめた。

「あ……この後、反省会だ」

私は合コン中にもかかわらず、震えが止まらなかった。

その後、A子主催、B子主催の合コンが開催された。

わかったことが、ひとつある。

私、A子、B子の三人はとても相性がいいのだ。体の相性ではない。男の趣味という点で相性がいいのだ。

私……草食系男子好き。星野源みたいな
A子……ブサイク好き
B子……米軍

絶対にかぶらない。なので、ケンカがない。もめることもない。

私たちのあいだでは、当日お持ち帰りされるのはやめよう、という暗黙のルールがあった。全員ブスなのに。一応、軽い女と思われたくなかった。

当日は貞操を守り抜け。やるなら後日。

ヤリマンのくせにこのルールだけは徹底していたA子とB子だった。

たいてい一週間後に、合コン後の感想発表会的なものを開いていた。

「結局、あのあと一回会って、やったんだけどイマイチでさ」
「誘ったのにごはんにも行けなかった。くそ」
「あのときのアシストは私たちが悪かったね。もっとＡ子のことほめるべきだった」

という、反省会だ。

多いときで週一以上、最低でも隔週の合コンをこなした。

おそらくこれまでの人生で百回近くの合コンに出席したと思う。彼氏がいるときは行かないので、一定期間に集中している。

ここでまた編集者からの質問だ。

【質問】
百回の合コンのうち、次回のデートまで持ち込めたのは何人ですか？

百回のうち、十回あるかないかだった。**打率一割**である。

でもブスなのだ。まあまあの打率ではないか。

そして、打てなくても打席に立っているだけで楽しかった。

「ディズニーだし……ね♡」

大学三年の秋。今日も今日とて合コンである。

A子の元彼の元バイト先（コンビニ）の男性たち。A子の元彼は年上だったので、メンバーは年上ばかりかなあと思いきや、そこで運命の出会いが。

年下の男「C男」と出会った。ひとめぼれだった。

合コンが開催されたのは、ちょうどハロウィン時期の土曜日。ディズニーランドのハロウィンに行きたいとC男は言った。

私はディズニーにまったく興味がなかった。でも、すかさず、

「明日行っちゃう？」

と誘って、ふたりで行くことになった。

日曜日のディズニーランド。激混みである。

ただしそこは、ディズニーマジック。アトラクションの待ち時間やレストランの行列、パレードの場所取りとか、ふたりの距離を縮める時間がたっぷりあった。

気の合わない人だったら苦痛だが、C男とは、他愛のない話で楽しい時間をすごすこ

とができた。

「この人いける」

そう思った。

そこで思いきって、こちらから手をつないでみた。

まあ、生理的に無理だったらディズニーにそもそもふたりで来ていないだろうし、会話もそこそこはずんだし、いけるだろうと。われながら肉食系ですね。

突然、手をつながれて、C男はびっくりしていた。

「ディズニーだし……ね♡」

というブスが言っちゃいけない言葉を発して、めでたく付き合うことになった。

ブスの作業 15
合コンでPDCAをまわす

多くの人が、合コンを「彼氏候補との出会い」のためのものと考えているが、それは違う。もちろん出会いも目的のひとつだが、それ以外に大切な要素がたくさんあるのだ。

合コンの目的は、大きく次の六つである。

1. 市場調査
2. セックス
3. 彼氏候補との出会い
4. コミュニケーションの練習
5. 飲み会として楽しむ
6. 次回の合コン幹事と知り合う

ブスにとって、いちばん大事なのは、1の市場調査である。

合コンは店頭である。商品は店に出してこそ、真価がわかる。

こういう顧客には、こういう話題がウケる。または全然ウケない。

場数をこなせばこなすほど、セグメンテーション（61ページ、ブスの作業6参照）の精度が上がり、商品の質を高めることができた。何より、自分が狙うべき「顧客」がはっきりしたのだ。

合コンに来る男性は大きく分けて二種類いる。

次ページの図表を見てほしい。

はじめは、私も、Aという華やかな市場にあこがれて、NG枠に果敢に乗り込んで行

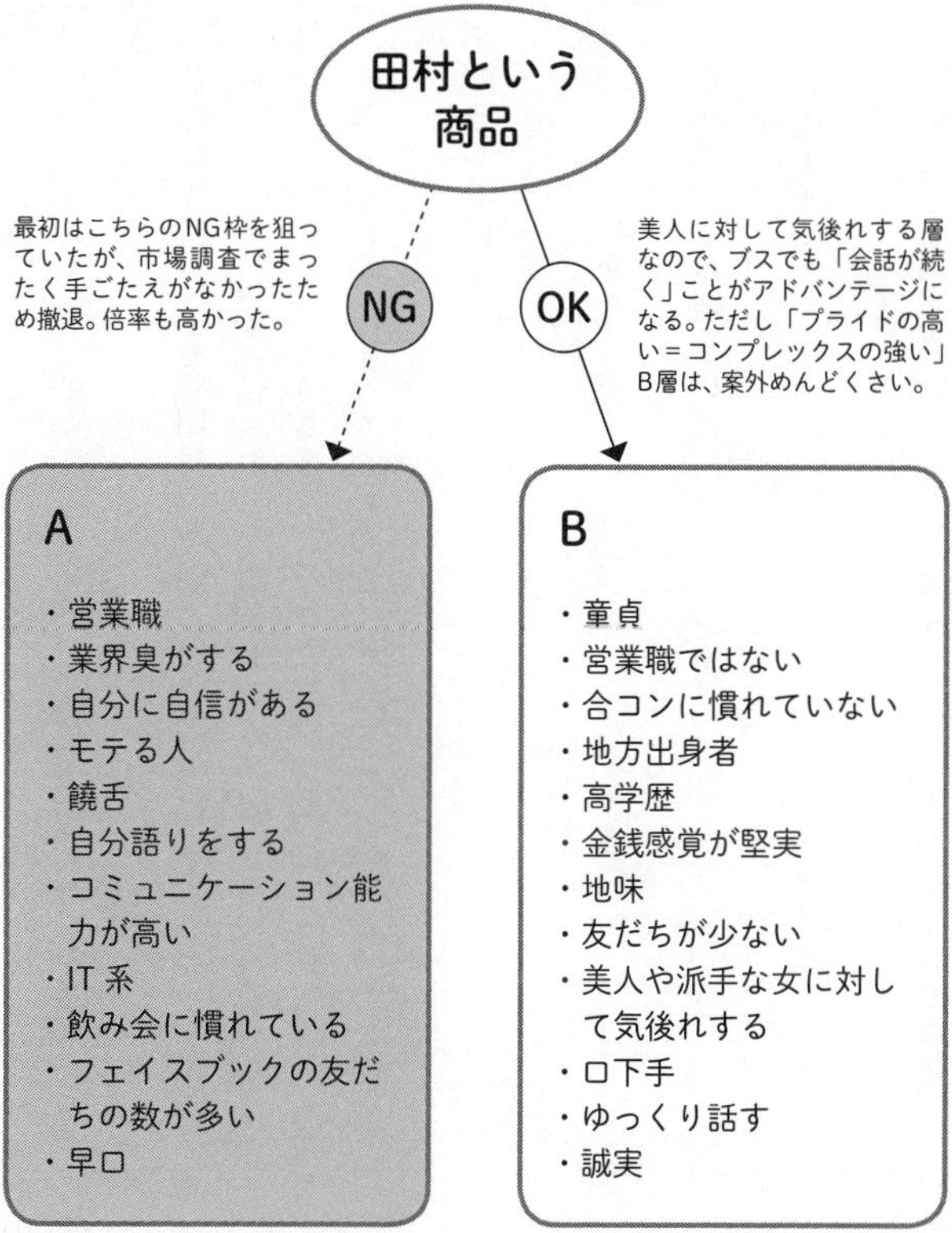

田村という
商品

最初はこちらのNG枠を狙っていたが、市場調査でまったく手ごたえがなかったため撤退。倍率も高かった。

NG

OK

美人に対して気後れする層なので、ブスでも「会話が続く」ことがアドバンテージになる。ただし「プライドの高い＝コンプレックスの強い」B層は、案外めんどくさい。

A

- 営業職
- 業界臭がする
- 自分に自信がある
- モテる人
- 饒舌
- 自分語りをする
- コミュニケーション能力が高い
- IT 系
- 飲み会に慣れている
- フェイスブックの友だちの数が多い
- 早口

B

- 童貞
- 営業職ではない
- 合コンに慣れていない
- 地方出身者
- 高学歴
- 金銭感覚が堅実
- 地味
- 友だちが少ない
- 美人や派手な女に対して気後れする
- 口下手
- ゆっくり話す
- 誠実

っていた。しかし、数をこなすうちに自分という商品の顧客が市場Aにはいないことに気がつく。しかも、ブスのくせになんですが、自分としても、Aにいる人たちには興味を持てなかった。

一方で、Bの市場における「田村麻美」という商品は、意外とウケがいいわけです。「おもしろい」「会話がはずむ」「わりと真面目なんだね」という高評価なのだ。

この市場の見極めがなぜできるようになったか。それは、一にも二にも場数である。

しかし、やみくもに数をこなすだけでなく、

合コンのプランを立て

↓

合コン実行

↓

合コンでのふるまいや相手の反応のチェック

↓

反省を次の合コンにいかす

というPDCAをまわしていた。それをもとに、マーケティング戦略を立て直すので

ある。

用語解説

PDCA

プラン（計画）、ドゥ（実行）、チェック（確認）、アクト（改善）を繰り返し、目的達成への効率化や仕事の精度アップをはかること。

ここでいう「プラン」とは、先ほどの六つの目的のことだ。「はじめまして」と言った瞬間に、「今日のゴール」をどこに据えるか決める。そして、結果をちゃんと仲間と検証・共有する。

1. 自分がデートかセックスができた
2. ほかのメンバーがデートかセックスができた
3. とても楽しい飲み会だった
4. 次の合コンの約束ができた
5. 相手がくそつまんない、相手がくそ野郎→反省会が楽しいこんな感じでちゃんと検証していくと、「合コン力」がつくのだ。

一、二回合コンに行ったブスが、

「つまんなかった」

「出会いがなかった」

「お金の無駄だった」

と言うのを聞くと、ふざけるな！と思う。

無料で出会いなどあるものか。ブスはお金を払ってでも出会わなきゃ！

ブスの作業16 リーン・スタートアップ

リーン・スタートアップ（Lean Startup）という言葉を知っているだろうか。

起業の方法のひとつである。

簡単に説明すると、次のようなことだ。

用語解説

リーン・スタートアップ

・コストをあまりかけずに最低限の製品やサービス、試作品を作って市場に投入
・顧客の反応を見る
・市場の反応をフィードバック

このサイクルを繰り返すことで、起業や新規事業の成功率が飛躍的に高まるという方法である。

完璧に作り込んで市場に出すのではなく、試作品（＝現状の自分）をまずは市場に出して学習する。

トライ＆エラーの繰り返しによって商品の精度を上げていく。

これこそブスに有効な方法だ。

第３章を読んで「総合点をがんばって上げよう！」と思ったあなた。総合点を上げる努力はいいのだが、「総合点をじゅうぶんに上げてから市場に出よう」というのは間違った思考である。

やせたら、合コンに行く。

試験に受かったら、告白する。

バイトでお金を貯めて、五万円のブラウスを買ったら合コンに行く。

彼氏ができたら、素敵な下着を買う。


すべてブスがやってはいけないことばかり。

まず行動。ダメでもともと。軽く行動しましょう。

ブスに彼氏ができるなんて、実力ではなく運だったりする。

だったら、運試しの機会は多いほうがいい。

一度引いたおみくじが凶だったとしても、百回引いたら一度は大吉が出るかもしれない。

たくさん行動したら、単純に成功の確率が上がるわけだ。


繰り返すようだが、ブスのいちばんダメな点は、行動しないことだ。

勇気が必要なのはわかる。その背中を一押しするのは、やはり総合点で、商品改良の努力は必要なのだが……。

でも、**総合点が低いまま、未完成のまま市場に出すことで、ものすごい学びがある。**

傷つかないために、市場をしっかり見極めて、商品を出したい（行動に出たい）とはだれしも思う。

しかし、市場の見極めは傷つくことなしにはできない。

試作品を試して完成させていくのは、当たり前のことなんです。

傷つくのが怖いのは、「知らない」からだ。一度体験し「どんなものか知る」と、二度目の行動へのハードルが下がる。

失敗前提で行動し、そこから必ず何かを学ぶこと。

ブスこそリーン・スタートアップ、トライ&エラーである。

このとき、もっとも大切なのは、「フィードバック」の部分である。失敗から学ばず、同じ失敗を繰り返し、傷を深くしてはだめだ。

具体的には、「デートに誘って」「即断られる」経験を通して、

・そもそも商品力の問題なのか
・ターゲットのニーズを満たしていなかったのか
・誘い方（プロモーション）がダメだったのかも

など、フィードバックを得る。

次に誘うときは、

・洋服を変えてみる（商品改良）
・誘う相手を変える（ターゲット変更）
・飲み会ではなく素面の場で食事に誘う（プロモーション変更）

など、必ず前回の反省をいかす。ひたすらひとりで総合点を上げる努力をするよりも、得るものが多いのは言うまでもない。

ブスの作業 17 最高のチームを編成する

勇気を出して合コンに行ってみて、得るものがなかった。もしくは嫌な思いをしてしまった。それがトラウマになって、次なる合コンへと踏み出せない。

そんな話をよく聞く。

ばかやろう。

合コンは一回で成功することなどない。絶対にない。数をこなさないと絶対にダメなのだ。

どんなことだって、数をこなしてこそ成功への道がひらける。

百回という数をこなしてきた私からのアドバイス。

合コンでいちばん重要なことは、女子のメンバー構成である。

いっしょに戦うのは、必ず自分を引き立ててくれる同性でなければならない。といっても友だちを引き立て役にする、という意味ではない。商品として差別化できていて、魅力を打ち消しあうのではなく、引き出しあえる友だち。自分だけが目立ってもいけないし、ほかのメンバーだけが目立ってもいけない。

つまり、合コンはチーム競技である。チームワークが大事である。

チーム編成のポイント1　男の趣味

絶対に男の趣味がかぶらないメンバーと合コンすること。

合コンメンバーを組む際には男性の好みを聞かなくてはならない。これを間違うと血を見る事件がおきる。

チーム編成のポイント2　人数

人数は三人がいいだろう。なぜなら、合コンは三対三が好ましい。

合計六名であれば、全員で話すこともできる。

三人、三人の会話も楽しい。

ふたり、ふたり、ふたりでも、もちろん最高である。

つまり会話のフォーメーションをつくりやすいのが合計六人なのだ。

三人であれば、メンバーの顔色を見やすい。つまらなそうだなとか、そろそろ、シュートしたいんだろうなとか。

自分の好みの人がいなかった場合、メンバーのアシストをしなければならない。

合コンとは一期一会であり、そのとき限りと思いがちだ。対男性だとその通りである。

しかし、我がチームメンバーは永久に不滅である。

このチームで合コンは今後も続けていくのだ。だからこそ、自分がいまいちの回であっても、決して気を緩めず、次回、自分がいい感じのときにフォローしてもらえるよう、アシスト役に徹する。

チームワークで、次のようなことをおこなった。

物まねアシスト

場が盛り下がってきたときに、唐突にYOUの物まねを振る。

「YOUさんは、このお料理のお味どう思いましたかー？　うーん。イマイチ」

↓もちろん相手のノリを見て。

スモール手土産持参

「今日は私たちをよんでくれてありがとう。地元の草加せんべいをどうぞ」

↓わりと好感度アップ。印象づけるのにも有効。地元の素朴なものがよい。

小銭席替え

偶発的な席替え。小銭をみんなで引いて、「値段が高い順に右から座り直してください」。

↓盛り上がっていないときに空気を変える効果がある。もしくはメンバー内でお目当てと話せていない場合のアシストともなる。

トイレットペーパー芸

トイレに行って帰ってきたら、腕にトイレットペーパーを巻いて帰ってくる。「いま、トイレで骨折しちゃった」と。ノリがいい男性チームの場合、頭にトイレットペーパーを巻いて戻ってきてくれたそうだ。

トイレットペーパー芸だけは、知人の美人社労士の経験談。ウソだろ、って感じですが、本当にやったそう。美人でも一発芸をしてる。ブスは三発くらい仕込まねばならない。

ブスも美人も、ゲスもハンサムも、情け容赦ない評価の俎上にのせられる合コン。楽しいかもしれないけれど、傷つく可能性も高い。

結局ブスとは目も合わせたくないと思う男性は多い。目を合わせてくれないどころか、「酒を持って来い」と、お店の人と間違われることもあった。

そんなとき、最高のチームメンバーはこう言う。

「さて、帰ろう」と。

チームメンバーは悲しんでいるメンバーを見捨てない。

そして、いくら自分にとっていい相手がいたとしても、大事な友だちにひどい態度をするヤツがいる合コンであれば見限るのだ。類は友を呼ぶからだ。

私がいままでいちばんよかった合コンとは、彼氏ができた合コンではない。

やれた合コンでもない。

最高の合コンとは、参加者全員で盛り上がれた合コンだ。

相手も最高のチームワークで、ブス相手でもその会を盛り上げることに一生懸命になってくれるのがいい合コンだった。

チームワークがなっていない合コンだと、常識がないメンバーが入っている可能性がある。それはそのチームの資質なのだ。

たとえほかの人たちが普通の人に見えたとしても、チームの質を見て全員の人間性を判断できるものだ。

ブスなのに調子にのるなという話ですか？　いやね、本当にちゃんとした人間なら、この合コンの女はずれだなーと思ってもその場は取り繕うものだ。

ええ。ビジネスでもそうじゃないですか。

仕事のとき、いまいちだと思っても、会社の名前を背負っているからきちんとした対応しますよね？

今日の合コンがいまいちだと思っても、もしかしたら次回の合コンにつながる可能性があるかもしれないと。頭のいい方は先々のことまで考えて行動するはずだ。

ブスの作業 18

自己紹介のテンプレを準備

ここからは、テクニカルな事柄を伝授していこう。

基本的に合コンでは傾聴の姿勢をとってほしい。聞かれてもいないのに、ブスが自分のことを話してはダメだ。

しかし、自己紹介だけは避けられないので、事前にテンプレをつくっておこう。

自己紹介のときは、エレベーターピッチを意識する。

用語解説

エレベーターピッチ

エレベーターピッチとは、エレベーターに乗る短時間のあいだに、クライアントにプレゼンをおこない、ビジネスチャンスにつなげるテクニック、つまりビジネストークのこと。目安は、十五秒〜三十秒。

短時間のプレゼンは、伝えることを整理して簡潔にまとめて話す必要がある。

最低限、

・名前
・年齢
・所属先（会社名・学校）
・趣味や最近はまっていること

を入れ込み、笑いをとれたら花まるである。

ブスだけれども、一対一で話してみたいと思わせるためのきっかけを、十五秒でつくれるかどうか。

大事なのは、具体的な趣味を言うことだ。

「散歩」→「高円寺（こうえんじ）を散歩」
「音楽」→「下北沢（しもきたざわ）へライブを観に行くこと」

など、相手がその趣味を具体的に想像できるようなものを言う。

ブスなのだから、そもそも相手はこちらに興味がない。もっと言うと、あなたの自己紹介を聞くつもりがないとまで、言いきってしまってよいだろう。

ブスは常にマイナススタートなのである。

美人であれば「散歩」→「えー！　どこらへん散歩するのが好きなの？」と相手が会話を膨らませてくれる可能性があるが、ブスの場合は、こまかく具体的な情報を出し、無意識に相手にそれを想像させ、ピンポイントでそれに引っかかってもらえれば儲けものである。

「ブスの散歩」には興味がなくても、「ブスの高円寺散歩」であれば、高円寺が好きな相手に話しかけてもらえる可能性がある。

ここでいくつか私の練りに練ったテンプレをご紹介しよう。

「はじめまして。田村麻美です。三十六歳です。出身は埼玉で、いま住んでいるのは足立区です。一応二十三区内です。好きな食べ物は、白米です。よく光浦靖子に似ているといわれますが、自分でもわりと似ていると思っています。好きなタイプは、健康的でごはんを大事に食べる人です。タイプは照英です。くわしくいうと、色白で筋肉質じゃない照英がタイプです。よろしくお願いします」

＊埼玉・足立といった具体的な情報を提供する。光浦似ということで、印象に残してもらう。「光浦に似ている」ことで後日まで覚えているはず。照英と言っているのに、照

英のよさを全部失くした人がタイプという、結果として照英じゃないじゃん、という突っ込みができるように、ネタを振っておく。

「はじめまして。田村麻美です。いま、足立区で税理士として働いています。一応国家資格です。わりとがんばって働いています。将来の夢はパートナーといっしょに戸建てを購入してのローンを返していくことです。趣味は貯金です。こんなこと言うと貯金がいくらか気になると思うので言います。中古のベンツを買えるくらいはあります。よろしくお願いいたします」

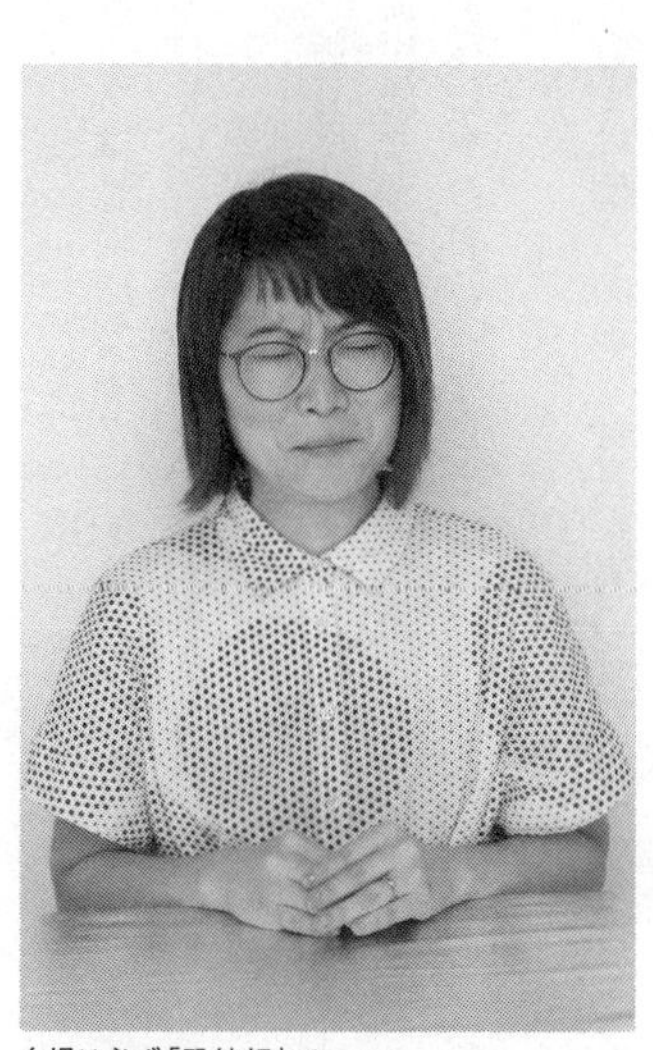

自慢は必ず「恐縮顔」で。

＊いやらしい自慢ネタは恐縮顔でネタにする。中古のベンツなんて五万円から数千万円するわけです。もはやいくら貯金があるかわからない。

「はじめまして。澁谷美佳です。社労士やってます。身長は百七十㎝です。好きなタイプは地方出身の健康的な理系の次男です。結婚式・ハネムーンは不要のお金のかからないタイプです。よろしくお願いいたします！」

＊これは知人の社労士の例である。身長が高い女なので、先によく聞かれることを自分で言ってしまう。高圧的な顔立ちのため、お金がかかりそうに見える。お金がかからないタイプであることも先に言ってしまう。

×ダメ自己紹介

「はじめまして。田村麻美です。ピアノを十年やっています。趣味はディズニーランドに行くことです。よろしくお願いします」

＊一般的なことしか言っていない。ブスのピアノ、ブスのディズニーなどだれも興味を

持たない。広がりが生まれない自己紹介はダメです。

［年齢の言い方］

「いまが食べごろの二十八歳です」

「いまが出荷時期の二十八歳です」

「そろそろ賞味期限が近づいている三十六歳です。だれか早く消費してください」

「女性の年齢の賞味期限がクリスマスケーキにたとえられた時代がありましたが、もはや大晦日もすぎ、カレンダーにのっていない三十六歳です」

［相手の職業が全員いっしょであれば、ネタを仕込む］

●会計業界

「愛用している電卓はカシオです」

●銀行

「今日、いい感じになれた方といっしょに積立貯金したいです」

●新聞

「今日も日経新聞を読んできました」

自己紹介テンプレを何種類もつくり、何度も試してみることは、就職活動、転職活動にものすごく有利である。私自身、短時間にインパクトを残せるスキルがつき、異業種交流会や多人数のイベントで非常に役立った。

ブスの作業19 ほめ会話を続ける

合コン時は、相手に質問し続けよう。

相手から話を振られるのを待っていてはダメである。常に自分から質問し、相手の回答を称賛し続け、相手の気分をよくしていこう。

質問はなんでもいい。質問をし続けることが大事。

質問され続けると、相手は自分に興味があるということを認識して悪い気はしない。

ブスからの質問はつらいと思うかもしれないが、「ほめ」で受けることにより、相手も悪い気はしない。

田村「お仕事は何をされているんですか」

男性「〇〇」
田村「えーすごいですね。とても大変なお仕事じゃないですか」
男性「そんなことないよ。だれでもできるよ」
田村「だれでもできるって言えちゃう〇〇さんがすごいですよ。どんなお仕事も大変です。〇〇さん優秀なんですね」

相手の仕事や趣味について何も知識がなくていい。ほめ続けていればいい。初対面の合コンだ。適当にほめて、相手の気分をよくすることが大事。

考えてもみてくれ。興味のないブスの話など聞きたい人間はいない。でも、ほめてくれるブスとはいっしょにいてもいいと思う人はいるかもしれない。居心地のいいブスになることがまず第一歩。

人は何に対して居心地がいいと感じるのか。それは、

・自分の話を聞いてくれること
・会話が途切れないこと

である。このふたつを、初対面で無理なく自然にできたら、百％の確率で、

「居心地のいい人だな」

と思ってもらえるはずだ。

田村（彼女いなそうな男性に）「合コンに来てて、彼女さん大丈夫なんですか？」
男性「彼女いないです」
田村「えー！　ほんとですか？　ウソですよね？」
男性「いや、いないっす」
田村「いそうに見えますー。びっくりしましたー」
男性（まんざらでもない感じ）
田村「お休みの日とか、何されてるんですか？」
男性「べつに……映画見たりとか」
田村「そうなんですね。映画館に行かれるんですか？」
男性「いやー、家でネット配信を見ちゃってますね」
田村「そうなんですね。便利ですよね。Netflix 派ですか？　Hulu 派ですか？」
男性「いや、僕は Amazon prime 派なんですよね」
田村「そうなんですね。それにしても便利な世の中になりましたよね。借りに行かなくても、見たい映画・ドラマがいつでもお家（うち）で見られるようになりましたもんね。

男性「最近ですか。実は、『スラムダンク』が配信されてて、懐かしくて見てるんですよね。バスケのアニメ」

田村「スラムダンク！　配信されてるんですね！　懐かしい！　あれ？　○○さんってスラムダンク世代ですか？（年齢を調査）」

男性「ちょうど中学校のとき流行ってて、ノリでバスケ部入っちゃったんですよね」

田村「わかりますー!!（わからない）スラムダンク、確か私が小学校のときに流行っていました。私も久しぶりに見たくなりました！（共感）」

ほめながら会話を続け、情報収集もしよう。自分が知りたいことをさりげなく聞くのだ。

●金銭感覚のチェック

田村「その髪型おしゃれですね。どこで切ってるんですか？」

男性「これですか？　表参道の美容室です」

田村「やっぱり。おしゃれな髪型だと思ったんですよ」

田村「その髪型おしゃれですね。どこで切ってるんですか？」
男性「え？　これですか？　地元の北千住ですよ」
田村「え？　北千住ですか？　いや、おしゃれだなーと思ったので、表参道の美容室なのかなーと思いました‼」
田村「そのTシャツおしゃれですね。どこで買ってるんですか？」
男性「これですか？　表参道の○○ってお店です」
田村「やっぱり。おしゃれなTシャツだと思ったんです」
田村「そのTシャツおしゃれですね。どこで買ってるんですか？」
男性「これですか？　ネットで買いました」
田村「え！　現物見ずにこんなおしゃれなもの選べちゃうんですね。すごい。そのお店知りたいです」
田村「その眼鏡おしゃれですね。どこで買ってるんですか？」
男性「これですか？　表参道の○○ってお店です」
田村「やっぱり。おしゃれな眼鏡だと思ったんです」

田村「その眼鏡おしゃれですね。どこで買ってるんですか？」
男性「え？　Zoffですよ。安いです」
田村「え？　Zoffで売ってるんですか？　おしゃれですよね。お買い物上手なんですね」

●仕事のチェック

田村「お仕事何されているんですか？」
男性「〇〇会社で営業です」
田村「営業さん、営業さんがいなければ会社は成り立たないですもんね。すばらしいお仕事ですね」
男性「〇〇会社の経理です」
田村「経理さん、経理さんがいなければ会社は成り立たないですもんね。すばらしいお仕事ですね」
男性「〇〇会社の広報です」
田村「広報さん、広報さんがいなければ会社は成り立たないですもんね。すばらしいお仕事ですね」

●家族環境のチェック

田村「妹さんいらっしゃいますか？」
男性「います」
田村「やっぱり。だからオーラがやさしいんですね」
男性「いないです」
田村「うそ、じゃあ弟さんはいらっしゃいますか？」
男性「いないです。なんでですか？」
田村「包容力がある感じなので、てっきり。じゃあ、ご両親が素敵な方なんでしょうね」

●出身地

田村「ご出身は東京ですか？」
男性「そうです」
田村「だから洗練されているんですね」

男性「違います」
田村「エー！　洗練されてるから、東京かと思いました。どちらですか？」
男性「佐賀です」
田村「わあー！　一度行ってみたいと思ってたんです。どこがおすすめですか？」

●趣味

田村「お休みの日って何をされているんですか？」
男性「○○」
（どんなこたえでも）
田村「すごーい‼」

●「すごい」のバリエーション

田村「理系⁉　すごいー」
田村「北千住にお住まい⁉　すごいー」
田村「法学部‼　すごいー‼」
田村「趣味けん玉？　すごいー‼」

田村「めっちゃ二重ですね。すごいー!!」

いま、読者のブス諸君は、この原稿を黙読していらっしゃることだろう。

それではダメだ。とっさのとき、声が出ない。

合コンという戦場はそんなに甘くないのだ。

だまされたと思って、私のセリフ部分を、声に出して読んでほしい。

何度も何度も、声を出して読むのだ。感情をこめて。鏡を見ながら。


「えー！　彼女いないんですか!?」

「すごい!!」

「営業ですか、すごいですね。営業がいないと会社は成り立たないですもんね」


冗談だと思わないでほしい。

いま、教育現場で「ロールプレイング」が取り入れられていることをご存じだろうか。

遊び仲間になかなか入れない子どもたちに「仲間に入れてって言ってごらん」と言っても、実際、言えやしない。

だから先生や親といっしょに、

「いーれーて！」

と言う練習をするらしい。

合コンにおける会話も、ぜったいに練習してほしい。

ブスの作業20　自分の話は簡潔に具体的に

もしも相手が自分に質問してくれたら、結論を先に言おう。

「趣味はなんですか？」と聞かれたら、

「私、音楽が好きで、特にミスチルが好きで、ミスチルの『終わりなき旅』から入ったんですけど、そこからミスチルにはまって、ファンクラブに入って、いまは、年に一回ライブにも行くようになったんです」

ではなく、結論は年に一回ミスチルのライブに行くことなんだから、

「ミスチルのライブに年に一回行くことなんです。行けない年もあるんですけど」

でいいんです。

あとは、相手から「どの曲が好きなの?」「いつから好きなの?」と聞かれたら、簡潔に答えればいい。短いキャッチボールが大事なのだ。

話の長いブスという印象は最悪だ。

相手の求めていることを簡潔に答え、あとは質問していただく。なので、質問しやすい、会話が続きやすい共通の話題がベスト。趣味を聞かれて、

「古本が好きなんですけど、なかでも古本屋さんの目録を眺めるのが好きで、月の輪書林さんの目録構成は神だと思ってます」

と、マイナーかつマニアックな事柄を答えるのは最悪である。

話題の最大公約数を意識してほしい。ウソをつく必要はないが、自分のなかのもっともメジャーなチャンネルを探すのだ。

しかし、先ほどのケースであっても、ミスチルを知らない可能性がある。

「ミスチルかー、あんまりくわしくないなあ」

と言われたら、

「そうでしたか。男性はあまり聴かないかもしれませんね。音楽は聴かれますか?」とミスチルを聴かない相手を肯定し、むしろ質問をする。ここで、間違いなのが、ミスチルを知らない人にミスチルのよさを力説すること。

相手がミスチルについて教えてくれと言ってきたら話してもいいが、初対面の合コンである。知識をひけらかすのではなく、コミュニケーションを円滑に進めることが重要。楽しく会話を続けるよう臨機応変に進めていこう。

「このブスとは会話が続くなあ、居心地がいいなあ」という印象をつけることが最大の目的だ。

ブスの作業 21
自己PR禁止論を唱和する

合コンでの目的は、自分を知ってもらうことではない。

この場を離れても会いたい、と思ってもらえるような印象をつくること。

合コン前に、メンバーみんなでご唱和ください。

自分のことは話さなくていい。

自分の趣味は伝えなくていい。

自分のよさを見せなくていい。

自分がどれだけ頭がいいのかも知られなくていい。

自分がどんなものが好きなのかも伝える必要はない。

自分のすばらしい学歴も、ステイタスのある職業も言う必要なし。

自分がいかに仕事をがんばっているのかも、言わなくていい。

自分の兄弟構成や休日のすごし方も言わなくていい。


どうでもいいんです、そんなことは。

合コンでブスが自己PRをすることは、ニーズのない市場に間違った商品を大量投入することと同じである。

重要なのは、

「この子といて居心地がいいな。楽しいな。ラクで落ち着くなあ」

と、相手の無意識レベルに訴えかけること。

それには、ぜったいに、「会話が無理なく続けられること」が大切なのだ。

会話を続けさせると言うと、

「私、コミュ障なんです……。会話を続けるなんてレベル高すぎ」と言う人がいるが、とにかく質問し続ければいい。相手が言ったことを、それってどういうことですか？と聞き続ければいい。相手が言ったことを肯定し続ければいい。

念のため、ここでいくつかの肯定テンプレートを提示しておこう。

・「すごいですね、なかなかできることではないですよね」
・「すごいですね、貴重な体験ですね」
・「おもしろいですねー」
・「○○さん、いい人ですね」
・「○○さん、それはやさしいですね」
・「それって、どういうことなんですか？」
・「その続き知りたい！」

NGなのは言い換え。

「え、それってこういうことですか？」などと言い換えると、一見賢そうに見えるのだが、相手は自分の言い方が悪かったかな、説明が下手だったかな、と思ってしまう。

そして、マウンティングしている印象を与えてしまうのだ。

基本はオウム返しに、相手の言った通り、相手の言った語彙を使って返事をする。

相手「その人って、業界の大御所でさあ」

×「フィクサーなんですね」

○「大御所なんですね、すごいー」

こんな会話を繰り返していると、「私だって自分のことを話したい、自分を知ってもらいたい!!」という欲求がむくむくと頭をもたげるだろう。

でも、自分を知ってもらうのは、合コン当日でなくていいのだ。

次の機会にふたりで会ったときに少しずつ自己開示すればいいだけ。

もう一度ここで真実を確認しよう。

初対面のブスのことを知りたいと思う人はいると思いますか?

いませんよね。

でも、自分の話を聞いてくれるブスであれば、居心地がいいなあと思う可能性はある。

逆にずっと自分の話をするブスなんて二度と会いたくありませんよね。

そう思いませんか？

聡明な読者はおわかりだと思うが、これ、合コンだけの話じゃないのです。

合コンの章にこれだけのページ数を割いたのには理由があって、この章で教える技術は、**就職活動でも会社内のネゴでも、起業時も結婚後も、出産後のママ友コミュニケーションにも役立つ。**

合コンで培った「初対面の相手の話をしっかり聞く」という技術は、かなり社会に出てから使えるのだ。

営業職の人には釈迦（しゃか）に説法かもしれないが、初対面の相手の懐に入るには、傾聴の技術が欠かせない。

合コンが無理なら別のシチュエーションでどんどん練習してほしい。女子会、会社の飲み会、取引先との会合、上司とのふだんの会話でもいい。

聞き続ける練習。ほめ続ける練習。

やればやるほど、無意識に、聞き続ける、ほめ続けることができるようになって、相手の笑顔をたくさん引き出せるようになる。

人を喜ばせるのが上手になる。すごいことだ。

人が喜ぶと、あなたもうれしくなるはず。

そんな練習を重ねたあと、もう一度合コンにチャレンジしてみるのだ。

そうすると、初対面の男性に対しても、臆することなく接することができるだろう。

そして、自分の日ごろの練習の成果を発揮したくなる。そこまでいければ、いつでも合コンにいけるだろう。

ブスの作業22 次の約束を取りつける

さて、合コンも終盤に差し掛かった。そろそろゴールを決めなくてはいけない。クロージングである。

合コンの目的のうち、「セックス」「彼氏候補との出会い」「次の合コン幹事と知り合う」の三つは、必ず連絡先を交換し、次のアポを取らねばならない。序盤から中盤の会話のなかで、でも、終盤で突然連絡先を交換するのはわざとらしい。必ず伏線を張るべきなのだ。伏線を張るだけでなく、誘うチャンスがあったら誘う。

映画の話になったら、すかさず、

「いまやってる○○、おもしろそうですよねー。いっしょに行きましょうよ!」

と言う。

水族館の話になったら、動物にまったく興味ない私も、

「しながわ水族館、行ったことないんです。行ってみたい！　いつなら行けます？」

と誘っていた。

連絡先を交換したら、翌日には絶対メッセージを送る。

ふたりで会いたい場合は、

「来週の木金か、土日、おひまですか？　よかったら飲みませんか？」

特にふたりで会いたくない人には、

「昨日はありがとうございました。今度またみんなで飲みましょう！」

脈がなければ、しつこくしない。とにかく場数を踏むことが目的だ。

・商品を店頭に出す
・顧客の反応をみる

合コンでのこの実体験は得難い。別にいいんです、付き合えなくても。

そして、好きになってもらわなくていい。自分だって、相手を好きかどうかわからな

いだろう。この時点で「好♡き♡」と思っていたとしたら、それは幻想です。

ダメもとで、軽く誘う。打席に立つ機会を増やす。

これだけでいいんです。がんばれ、ベアーズ　がんばれ、ブス！

ブスの作業23　さわれる店を選ぶ

合コンの目的が、「会話が続く居心地のいいブス」という印象を与えることで、そこをクリアしてデートまでこぎつけたならば、次は、**女を意識させるのが目的となる。**

肌と肌との接触だ！

最初のデートのお店はあなたが探そう。女がお店を探すなんてプライドが許さない？　そんなブスは死ねばいい。このお店選びは、相手によく思ってもらうために選ぶわけではない。さわるための作戦だ。店選びはブスにとって命だ。

●店選びのポイント1　L字の位置取り

L字になるお店を探そう。対面で見るブスはきついものだ。L字にすることで斜めから見ていただこう。体形の見え方も、斜め四十五度の位置取りで少しは補われるだろう。

Ｌ字のいいところは、ボディタッチしやすいことである。対面だとあいだにテーブルが入り、さわることができない。「飲み物どうしますか？」とメニューを渡すタイミングで、軽く腕をさわるくらいでいいだろう。

Ｌ字の位置の利点を生かして、一回でも相手の何かにふれられたら大成功だ。よくがんばりました。

●店選びのポイント２　店の光度

雰囲気がよくなったら、二次会だ。横並びのバーに行こう。カウンターです、カウンター。そして、絶対に薄暗いバーに行くこと。暗いことでブスを隠そう。最大限にブスを隠そう。

そして、さわろう。

●テーマパークマジックを使う

ディズニーランドに代表されるテーマパークは、ブスのデートでどんどん使ったほうがいい。水族館や動物園もいい。

目の前に語るべきものがあるので、会話が続きやすいし、なぜか何もしなくても自分を引き立ててくれる。手をつないだり、ボディタッチしたりも、テーマパークの雰囲気マジックで「楽しいから、ま、いいか」となるのである。

ブスの作業24 「とりあえず」で軽く行動する

初デートのふるまいとしては、引き続き傾聴姿勢がいい。

そして、合コンのときに相手が話した内容を復習してほしい。相手の趣味嗜好を思い返して、勉強する。そして、そのネタを使って話を膨らませるのだ。

「この前の飲み会で、○○君、ミスチル好きって言ってたじゃない？　私あんまり聴いたことなかったんだけど、聴いてみたんだよね。すごくいいね」

デートまでたどりついたということは、相手もあなたのことに多少は興味を持ってくれている状態。嫌いな相手が自分のことを調べていたら気持ち悪いと思いますが、初デートまでこぎつけたのであれば、相手のことを調べていてもむしろそれはプラスに働くはず。

復習。復習。

おすすめのドラマの話をされたら、見てみる。

おすすめの本が話題に出たら読んでみる。

そして「○○君が教えてくれた△△よかったよ」と感想を伝える。

相手が喜ぶことをし続ける。これがデートの極意。次のデートにつなげるためにも**楽しい安心するブス**という確固たる地位を築こう。


初デートにおいてももちろん、ゴールを定義する。ゴールを定義しないと戦略が立てられないからだ。

1．これで終わり
2．セックス
3．付き合いたい

1．デートして、人柄的にもノリ的にもいまいちだったら、普通に帰ろう。
2．付き合いたくはないが、セックスはしたかったら、二十二時の時点で「あ――、どうしよう、終電なくなっちゃった」と言えばＯＫ！

3．付き合いたければ、最初のデートでセックスはしないこと。男性は「落とすまで」を楽しむ動物。付き合う前にセックスしたら終わりです。

私は「とりあえず」という言葉が好きだ。
好きかどうかわからないけど、「とりあえず」誘う。
「とりあえず」一回やってみる。
「とりあえず」付き合ってみる。
結婚は一度したら、解消するのは大変だが、付き合うくらいならすぐ別れられる。
ブスのくせになんですが、初デートで私のほうから見限る場合もある。
私が大事にするポイントは、

・社会性
・はしの持ち方
・働いているかどうか（高収入でなくてもよい）
・無理しなくても会話が続く
・無口でも基本的に楽しそうにしている

絶対いやなのは、

・「でもさー」と人の話をすぐに否定する人
・ずっと自分の話をする人（私の質問に答えるのはいいが、聞いてもいないのに話してくる人はいやだ）
・無職

どうだろう。なかなかストライクゾーンは広いほうだろう。

ブスの作業25　市場調査

合コンは遊びでも娯楽でもない。単なる出会いの場でもない。本書の戦略上もっとも大切な「市場調査」をおこなう場である。

異なる市場で商品（自分）を試す、またとない機会なのだ。

とにかくまず最低五回は合コンに行ってみてほしい。五回とも違うメンツで。

用語解説

市場調査

商品の販売促進、新製品の開発など、マーケティング活動全般について、企業の意思決定に役立てるために、情報収集・分析すること。

グループAとの合コン↓私の評価「おもしろかった。頭いいな」
グループBとの合コン↓私の評価「なんかとっても話が合って楽しかった」
グループCとの合コン↓私の評価「ブス!」

同じ田村というブスでもここまで評価が分かれるのだ。

この「市場観」をつかむに至るまでは、つらい経験をたくさんした。美人が決してされないような、人以下の扱いを受けることもあった。

自分だけ会話からはずされたり、目線すら合わせてくれなかったり。質問を繰り返しても、話題は広がらないし、こちらが体を張った芸をしても笑ってくれない。のってくれないこともちろん多かった。

でも、なかには大盛り上がりでかなり楽しい飲み会になった夜や、男友だちができたこと、デートにつながったり、付き合うところまでいったこともあったのだ。
ブスだから絶望的、というわけではない。

	商品田村の評価	成果
グループA（エリート市場）	おもしろい！ 頭いい女！	メンバーのなかのひとりと友だちになり、次の合コンを開催できた。
グループB（童貞市場）	とっても話が合って、楽しかった。 会話が続いた。 友だちになりたい、また会いたい。	デート！ 付き合えた！
グループC（肉食市場）	ブス!!	くそ野郎すぎて傷ついたが、圧迫面接の練習になった。 反省会が楽しかった。

場数を踏んで、経験によりセグメンテーションを高め、自分という商品を買ってくれる人がいる市場で勝負する（それはずばり、童貞市場であった）。

市場には「地位」というものがあり、四つのタイプがあるとされる。

リーダー、チャレンジャー、フォロワー、ニッチャーだ。

1．リーダー……市場においてナンバー1のシェア
2．チャレンジャー……リーダーに次ぐシェア。リーダーに競争をしかける
3．フォロワー……リーダーやチャレンジャーの戦略を模倣してシェアを維持
4．ニッチャー……特定の顧客を独占して地位を維持

たとえば、自動車業界を例に見てみよう。

リーダーは、シェア一位のトヨタ。フォロワーは日産、ホンダ。チャレンジャーはマツダ。五位のスバルはニッチャーである。

ここで注目していただきたいのは、ニッチャーである。

だれもが、アナウンサーみたいな才色兼備の女性を好きとはかぎらない。

スバルインプレッサが好き！　という人だっているわけだ。

ニッチャーには、

・狭いセグメントを対象とする
・狭いセグメントを対象とするので、製品ラインは狭い
・狭いけれども深い

という特徴がある。

合コンという市場調査を経てわかったことは、田村麻美という商品が、**「プライドの高い童貞」をターゲットにしたニッチャー**たり得ることである。

もともと自信がないブス。だから自信がない人の気持ちが痛いほどわかる。

自尊心をどう満たしてあげればいいのか。

プライドを傷つけることなく、初体験に持っていくための方法など、バリエーション豊かな実践例を持っている。

ある童貞を落としたときのエピソードがある。

合コンで出会った彼。しゃべり方（早口）と、若干のマウンティング口調から、童貞ではないかと推測。童貞であるだけでなく、高学歴でもあった。

同じ地元出身ということがわかったので、出身高校を聞いてみた。

男性「○○高校」（進学校）

田村「部活やってました？」

男性「野球部に入ってたんですよ」

田村「えー、すごい。勉強しつつ野球もがんばってたんですね。通学時間も長くて勉強時間も減るのに。現役で大学に入ったんですか？」

男性「そう」

田村「部活もやって、現役なんてすごいよ。で、○○大でしょ？」

男性「うん」

田村「いやあ、苦労がわかるからこそ、ちゃんと結果を出しているのが本当にすごい」

ニッチャーの私の売りは、**傾聴の技術とほめ続ける会話、人の努力をおもんぱかり共感し、気持ちよくさせること**である。

「高学歴＝努力している」というところに着目して、ひたすらほめた。

上っ面だけでなく、「私もその苦労わかってるよ。わかってるからこそ、結果を出しているのがすごいね」と共感してあげた。

「どうやって勉強してきたのか」

「どう時間のやりくりをしてきたのか」

「もっとくわしく聞きたい」

「聞き足りない」

「もっと教えて」

「次、いつ会う？」


という流れで次の予定を取りつけた。

プライドが高い男である。恋愛の段階を踏むにしても男側がリードしたいと思っているに違いない。しかし、失敗したら怖いと思っているようで、まったく手を出してこない。でも私がここでリードしてはだめ。高学歴童貞は、自分がリードしていると思わせるようこちらがお膳立てしてあげると安心してのってくる。

付き合えたあとは、初セックスまで壮大な三カ月計画を立てて遂行した。もちろん結果は大成功だった。

リーダーにもチャレンジャーにもフォロワーにもなれないが、ニッチャーとして顧客の満足度をあげることはブスの私にもできたのだ。

第 5 章まとめ

- 合コンは場数。最低五回は合コンに行こう
- 合コンは市場調査
- 合コンはチーム編成
- 合コンで鍛えた傾聴の技術は、あらゆる場所で役に立つ

第６章

ブスにとっての肩書きの重要性

【行動提案】

国家資格を取る／肩書きを増やす

【マーケティング戦略】

ブルーオーシャン戦略

ブスと就活と資格

大学二年の秋。

単位は落とさなかったものの勉強そっちのけで、彼氏・合コンのことばかり考えていた。

そろそろ卒業後のことを真面目に考えなければいけない。長かった就職氷河期から雪解けの時期になりつつはあったが、一般企業への就職はまだまだ厳しい時代であった。

ブスを自覚していた私としては、大手企業への就職は厳しいだろうな……と考えていた。

なぜなら、**同じ学歴であれば**、**見た目がいい人をとるだろう**。

そして、就活といえばリクルートスーツ。みんな同じものを着ていたら、いっそう素材の良し悪しが際立ってしまう。

そんななか母親に言われた。

「ＯＬにはなるな」

ＯＬは一度会社を辞めたらもう戻れなくなる、というのが理由だった。


私には、特別なりたい職業もなかった。行きたい企業もなかった。夢もなかった。いい男とやれればよかった。

当時は資格ブームで、同級生はこぞって大原簿記学校かＴＡＣ（資格の専門学校）へ通っていた。公認会計士、もしくは税理士講座である。

ＯＬはダメと言われたので、「みんなが行ってるから」くらいの弱い動機で、私もＴＡＣへ通いはじめた。

文系の学部だったので、医者、薬剤師などの理系資格はもちろん除外して、弁護士、司法書士と考えたが、経済学部だし、公認会計士か税理士かな……。

深い思考もせずの二択であった。

まず、公認会計士の講座説明会に行った。

いまは科目ごとに受験ができるが、その当時の公認会計士は一回に数科目受験しなければならない最難関資格であった。なので、「大学にはほぼ行けませんよ。サークルなんてもってのほかですよ」と言われ、

「それは困る。私は遊びもしたいの。やりたいの」

ということで、一科目ずつ受験できる税理士試験に挑むことにした（ほんとに、なんでもよかったんである）。

大学二年の九月からＴＡＣに通いはじめた。翌年大学三年時の八月受験を目指して簿記論・財務諸表論の必須科目を受講した。週四日夜七〜九時の授業を受けることになったのだが……行ったり行かなかったり。

授業に出てさえいれば受かるもんだと思っていたが、もちろんそんなことはなく、毎回しっかり復習をしないと次の授業についていけない。不真面目な私は、すぐに落ちこぼれ生徒に。スキーサークルにも所属していたものだから、十二月に一週間の雪山合宿。一月は大学の試験。二月はまた一週間の雪山合宿。と、びっくりするくらいＴＡＣに通わなくなるわけです。

大学三年になり、本試験のある八月が近づいてきた。

一応試験を受けたものの、手ごたえなし。結果は十二月までわからない。

彼氏もいないし、大学生活もいまいちだし、税理士試験もいまいちだし。

一般の会社の就活をしようか、それとも手ごたえのない税理士試験に挑戦し続けるのか。中途半端な二十一歳であった。

不合格とヤリマン時代

大学三年の十二月。八月に受けた税理士試験の結果発表。

もちろん不合格。

わかってはいたものの、将来への不安が広がった。

税理士試験は五科目取得が必須。さらに会計事務所等での実務経験が二年以上ないと登録ができない。

在学中に受験できるのはあと一回。無理だろう。

そんな折に、

「大学院に行くと税法二科目免除にできるらしい」

という話を聞いた。

すべての大学院で免除制度があるわけではないが、在籍している立教大学の大学院は免除制度がある。そして、在学中の成績次第では、内部推薦で大学院に行けるらしい。

お前は大学受験のときも指定校推薦だったし、また内部推薦というラクな道を選ぶのか。

はい。

ギリギリのところで内部推薦の成績を取れていたので、面接試験を受け、研究計画書を大学四年の夏前に提出した。

猶予ができた私は、やっぱりＴＡＣには通わなくなり、大学四年の夏受験は見送ることにした。大学二年の九月から大学四年七月までのＴＡＣの授業料はまったくのムダ金になってしまった。親……本当にすまん。

大学院はめでたく合格した。

「無職で税理士試験に臨む」という状況から「大学院生で税理士試験に臨む」ことになり、めちゃくちゃ安心した。

履歴書としては**「大学院まで通っている意識高い系ブス」**で、きれいにおさまることになった。

院に進んで研究したいこともなく、執行猶予を延長しただけの進学。しかも、五科目合格する自信は一切なかった。

しかし、これは「逃げ」ではなく、戦略的な進路だったと思う。

「無職の私」だったら税理士試験に挑戦できなかった。

「無職で彼氏のいない私」だったら、やっぱり生きていくのがけっこうしんどい。

もともと自己評価の低いブス。拠(よ)りどころとなる肩書きは大事である。

「平均点より上にいたい」
「他者から認められたい」
「蔑まれたくない」

ずっとずっと、相対的価値観のもとに生きてきた。人と比べてどうであるか、気になって気になってしかたがなかった。

肩書きやステイタスがなくても、好きなことに邁進（まいしん）できる絶対的な価値観のブスは、私のような人間を軽蔑するであろう。

でも、開き直ってここで提案なのだが、**肩書きのない自分であっても、ありのままを愛そう**より、**肩書きのない自分を愛せないなら、努力して肩書きを手に入れよう**のほうが、現実的ではないか。がんばって、「こう見られたい自分」になってはじめて、相対的価値観から解放されるような気がする。

そして、大学院一年生。

試験勉強を懸命にせねばならないこの時期、友人とワンナイトラブ（死語）をしてしまった。

付き合う気もないのに、適当なセックス。でも、後悔はなかった。おそらく久しぶりに体の喜びを感じてしまったのであろう。

何より「やる」ことで、一瞬、満たされた。自分という何者でもない人間が、承認された気がした。

税理士試験の重圧、将来への不安、同世代の友人たちが社会へ出てしまったことへの劣等感、すべての悩みからの現実逃避もできた。

それからの大学院一年生の生活は荒れた。ブスのくせに複数のセックスフレンドがいた。

ここでまた編集者からの質問である。

【質問】

やりまくって学んだことはなんですか？　または失ったものはなんですか？

学んだこともなければ、失ったこともない。「性生活は荒れていた」が、精神が特にすさんでいたわけではない。

セックスは私にとって完全にスポーツだった。終わったあとのたばこがおいしかった。マラソンのあとのビールくらいおいしかった。

セックスは手っ取り早く承認欲求を満たせる。

私がやりまくっていた時期というのは、いつ受かるかわからない資格勉強中で、何者でもない自分に自信がなかったときだった。

セックスというものはわかりやすいもので、穴に棒が入ります。穴が埋まるのです。物理的に埋まることにより、承認欲求が満たされるのです。

ちなみに現在の私は、やさしい家族に恵まれ、仕事も順調で、自己承認欲求が満たされているため性欲がまったくない。

ロッキング・オンのおかげさま

夏の税理士試験の日が、ふたたび巡ってきた。勉強していたつもりだ。一年間がんばったつもりだ。

十二月に試験結果が出た。受験した二科目、いずれも不合格。

不合格通知を受け取ったとき、号泣だった。学生であるうちに最低二科目は合格したかった。

学生中に受験できるのはあと一回、来年の試験だけである。

来年受かるのだろうか。受かるしかない。でもこれまで一科目すら合格していないので、どれだけ勉強すればいいのかまったく想像がつかず、絶望の淵に追いやられた。

もう税理士試験の勉強をやめたいと思った。逃げたくて逃げたくて、しかたがなかった。

そんなとき、ふと大好きな雑誌「ロッキング・オン・ジャパン」のホームページを見ていると、新卒採用を募集していた。な、な、なんと！

それまで経験者しか採用していなかったロッキング・オンが、はじめて新卒者を募集していたのだ。これは応募するしかない。

実は私、大のライブ好きで、下北沢などのライブハウスに通うのが、数少ない趣味のひとつであった。「ロキノン」系のバンドをこよなく愛していて、レミオロメン、アジカン、フジファブリック……などよく観に行っていた。

興奮した。ロッキング・オンの社員になれるかもしれない千載一遇のチャンス。

うろ覚えだが、たしか「①編集　②イベント企画　③経理……」的な職種別の募集であった。

なんとなく経理で応募した。エントリーシートを書く必要があった。大学院に進学した私は、就活をしていなかったのではじめての経験だ。

「消費税が八％になった場合の、ロッキング・オンの強み・弱み」的なテーマを書いた。

無事にエントリーシートは通り、筆記試験へ進むことができた。

筆記試験は、一般的な時事問題や教養問題が出るかと思いきや、さすがロッキング・オン。ロッキング・オンが出している本、雑誌をすべて読んでいれば解ける問題が出題された。

ジャンルは、洋楽・邦楽・映画・お笑いなど。私は邦楽関係の雑誌しか読んでいなかったので、洋楽関係の問題がまったく解けなかった。

・アジカンが最近出したアルバムの名前は？　↓即答「崩壊アンプリファー」

・タイタニックに出ていた主役の男性の名前は？　↓「…………」

まさかのレオナルド・ディカプリオが書けないという事件が起きた。

私は、これが書けなかったから落とされたと思っている。いや、まじで。

このロッキング・オンの就活がいい気分転換になったし、何かが吹っ切れた。大学院一年の一月ごろだった。

落ちたことで、もう税理士試験しかないと思えるようになり、やっとやる気が出た私は、突然朝の八時から二十二時まで専門学校の自習室にこもり勉強をはじめた。

勉強は苦しかった。相変わらず書いて覚える丸暗記。ノートは真っ黒だ。でもやるしかない。本当に「あとがない」と思ったのだ。

他者から比較される世界に生きていた私にとって、何より大事なのは「世間体」である。在学中に科目を取らないと、恥ずかしくてたまらない。

猛勉強のおかげで、学生最後の挑戦であった大学院二年の税理士試験で、目標としていた二科目合格することができた。

「残り一科目」の状態で私は大学院を卒業することになった。

なんとか「世間体」を保ったので、卒業して一年目の夏の税理士試験で最後の科目合格を目指すことにした。

四月から七月まで勉強に専念して、八月に受験。結果が出るのは十二月だが、もう就職することに決めた。

会計事務所業界は就職時期は九月が多い。八月の税理士試験後に合わせているからだ。

そして就職。すぐ退職

残り一科目での就職活動。相当いい事務所に就職できると思っていた。しかしだ。まさかの会計業界就活不況の時期だった。

特に就職したい会計事務所などなかった。とにかく大きな事務所に入れればいいと思っていた。あわよくばそこで結婚相手も見つけられたら……甘い妄想を描いていた。規模の大きな順に受けていき、中堅規模の都内の事務所に就職が決まり、九月に入社することになった。

大学時代の友人と比べて、二年半遅れの就職。

やっと社会人になれた。

同期は私を含め六人。男三女三。年齢はバラバラで出自もバラバラだが、同じ時期に入社ということで仲良くなり、社会人としてウキウキしていたのも束の間……自分の知識のなさに愕然（がくぜん）とした。

大学院に入ったことで、二科目免除となったことは前に書いた。

その免除科目が法人税だったのだ。つまり、法人税を一切勉強せずに就職してしまった。実務では、法人税の知識がないとまったく歯が立たない。

税金の知識がないこともさることながら、パソコンスキルにもかなり悩まされた。みんなが普通にできるワードやエクセルができない。

さらに、埼玉県の奥地にある自宅からの通勤。片道一時間半。

毎日寝不足、そして、知識不足からのストレス、早々につらくなった……。

そして、十二月の試験発表。入社直前の八月に受けた税理士試験。

まさかの不合格。

「また受験しなければならない」ことに愕然とした。

しかもいままでは在学中の受験だったので、時間に余裕があった。しかし、今度の試験は働きながらの受験である。できるのか。

仕事だけでいっぱいいっぱいだった生活に、さらに試験勉強が重なる。もうへとへともいいところだった。

平日は時間的余裕がなく勉強ができなかった。

土日も平日の疲労蓄積により勉強する気力もない。

しかし、受験生にやさしい会計事務所だったので、試験前一カ月間、試験休暇＋有給休暇でお休みをいただけた。

この一カ月を最後のチャンスと思い、専門学校の自習室にこもった。

朝九時から二十二時まで勉強。自習室がしまってからも近くのカフェで二十三時まで勉強し、帰宅。

一日計十四時間くらい勉強していた。一カ月続けた。

勉強は仕事に比べればラクだった。だれからも怒られることなく、自分の好きなように勉強すればいいだけ。就職する前の勉強よりも集中できた記憶がある。

結果、受かったのだ。これで税理士試験の学科を修了した。

完全に奇跡であった。

税理士は学科が取れただけでは登録ができない。

実務経験二年が必要である。

しかし、私は二年にあと少しという一年十カ月で退職することを決めたのだ。

石の上にも三年。どんなことがあっても、最低三年は勤めろと言われていた時代。自分は二年ももたないのかとものすごく悩んだ。ただ、体も心もつらかった。

「仕事ができない人」として、評価されない場所にいるのがつらかった。うつ病とかにはなっていない。なぜなら自分に甘いから。病気になるまで我慢することはなかった。

二十六歳の六月に退職。無職になった。

小・中・高・大学・大学院と、なかなかのきれいな履歴書ができていたのに、まさかの最初の就職先二年続かず。自分は無能な人間なのだな、と思った。

ただ、会社を辞める直前に彼氏ができた。
いやらしいが、私は保険をかける人間だ。
彼氏ができて、「結婚してもいいかもなあ……」と思ったから、辞められたのだ。
さらに、税理士試験の学科が取れていることで、退職に踏み切れたのだと思う。

ブスは肩書きの数だけ強くなれる

夢を見つけろ、自分のやりたいことをしろ。
これって個人を尊重したありがたい指導のようで、実はとても苦しい。
夢や自分のやりたいことというのは、考えて出てくるものではないからだ。
周囲の友だちが夢に向かって邁進していたりすると、焦りばかり募る。

夢がない自分。やりたいことがない自分。
自然と夢ややりたいことが出てくるまで待つか？　天から降ってくるまで待つか？
そんないつ降ってくるかわからないものを待ち続けるのか？　待つという選択をして

もいいかもしれないが、その前に死んでしまうかもしれない。

私はまったく夢ややりたいことがなかった。でも、夢が降ってくるのを待つほど無謀なことはしたくなかった。だって、時間がもったいない。

他人の評価を気にする必要がないと思う人もいる。けれどそれは、自分の夢ややりたいことの軸が定まっている人だ。自分の夢ややりたいことがなくて、何をしていいかわからないのなら、人から評価されるものに時間を費やしていたほうが時間は無駄にならないのではないだろうか。

資格を取って「税理士」という肩書きを手に入れてよかったことはたくさんある。

・合コンでのふるまいに余裕ができた（ガツガツしなくてすむようになった）
・自信がついた
・卑屈ではなくなった
・経済力がついたので将来の不安が減った
・ブスでも税理士
・ブスでも国家資格

資格を取って、ブスがブスじゃなくなったわけではないけど、心が強くなった。生きる上で本当にラクになったのだ。

こんな自分でも国家資格を取れたんだということが、拠りどころだった。だって客観的事実だから。

「〇〇なブス」と、ひとつ肩書きができることの安心感。

たぶん美人にはわからないかもしれない。

生まれつきの大金持ちにもわからないだろう。

持たざる者がひとつの武器を手に入れたとき、戦場でどれだけ安心するか。それは持たざる者にしかわからない気持ちなのだ。

ブスの作業 26 資格を取ろう

いくら資格が有効とはいえ、中途半端な民間資格はやめよう。

だれも評価してくれません。自分の自信にもならない。

特に自分のやりたいことでもなく、そして他人にも評価されない資格なんて取る意味がない。

なので、しょうもない民間資格や合格率八十％みたいな資格もやめよう。

難易度が高い資格といえば、弁護士、医者。

医者や弁護士は他者評価が高いので、自己肯定感を得やすい。

しかし、能力と時間とお金がかかりすぎる。仮にお金と時間があったとしても、受からないかもしれない。

そういう意味でも次のような資格が「ちょうどいい」。

・税理士
・社労士
・司法書士
・保育士
・中小企業診断士

私が資格取得をすすめるのは、経済的安定のためというよりも、自信をつけるためである。

税理士という仕事は十年後、ＡＩにそのほとんどの業務を奪われるといわれているし、どんな資格でも安泰というわけではない。

しかし勉強して、資格を取ったら、自分に自信がつく。

自信がついたら、行動できる。

しつこいけど、行動するためのガソリンになるというだけで、資格を取ってほしいと思う。

ブスの作業 27 ブルーオーシャン戦略

資格を選ぶときの基準として「男女比」ははずせない。

男にちやほやされたいのであれば、女の割合が低い資格を狙ったほうが効率がいい。

税理士の女性比率は約十五％。そして、二十代は数パーセントしかいない。

女子が少ない世界では、ブスでも女でありさえすれば希少価値が生まれる。さらに若さがあると、なぜかちやほやされる。不思議なものだ。

女子が多い世界では目立つことがないブスが、女子が少ない世界では、女子扱いされるわけです。

私の事務所の近くに東京D大学という理系の大学があるのだが、理系なので九割の学生が男性。たまに学食に潜入すると、女の子がひとり、男子に囲まれて楽しそうにお話しているではないか。ええ、かわいくない。ただ、女性が少ないので、男性はブスでも女性扱いしてくれるのだ。

また編集者からこんな質問がきた。

【質問】勤務先でのブス差別はありませんでしたか？　社会に出て美醜格差を感じたことはありますか？

私の場合、勤務先でのブス差別はなかった。

それは赤文字系雑誌（「ＣａｎＣａｍ」（小学館）、「ＪＪ」（光文社）などいわゆるモテ系のコンサバ系ファッション雑誌）で武装することにより、女子っぽさを出していたからだ。

「女子アイコン」って実は簡単だ。

ロングヘア、巻き髪、スカート、パンプス。

このくらいの軽装備で、女子と認識してもらえる。それはひとえに、女が少ない職場だったからだ。

みなさんは、ブルーオーシャン、レッドオーシャンというマーケティングの基礎用語をご存じだろうか。

女子校の男性教師はブサイクでもモテる。男子校の保健室の女の先生は、顔も年も関係なくモテる。

用語解説

ブルーオーシャン戦略

ブルーオーシャン戦略とは、競争者のいない新しい価値の市場を創造し、ユーザーに高付加価値商品を低コストで提供することで、利潤の最大化を実現する戦略。未開拓で無限に広がる可能性を秘めた未知の市場空間を「ブルーオーシャン」、反対に多数の競争者で激しい「血みどろ」の競争を繰り広げる既存の市場を「レッドオーシャン」と呼ぶ。

希少性というのは、それだけで商品価値が上がるのだ。

私は、いまもって、自分の戦場がブルーオーシャンになるよう、いつもずる賢く目を光らせている。

たとえば、先日、税理士の同期の男友だち二名と「久しぶりに飲もう」ということになった。市場における希少価値を意識しないブスは、おそらく、「じゃあ、私、だれか女子に声をかけるね！」と言うだろう。

私は死んでも言わない。私ひとりで行く。

男ふたりに女ひとり、という状況で競争率がぐっと下がるからだ。

また、掛け合わせによって商品に希少性を持たせ、いまいる場所をブルーオーシャンにすることはできる。私の場合は、たとえば、**ブス×税理士×一芸**。

ブスもたくさんいるし、税理士もたくさんいる。

しかし、ブスで、税理士で、一芸ができる女は、そんなに多くはないはずだ。

あなたは、何を掛け合わせることができるだろうか。次の空欄を埋めてみよう。

その組み合わせによって、どれだけライバルが減るか、考えてほしい。

ブス×［　　　］×［　　　］
ブス×［　　　］×［　　　］

［ブスの掛け合わせ例］
・ブス×保育士×料理上手
・ブス×公務員×聞き上手
・ブス×物書き×下ネタ
・ブス×弁護士×田舎で開業
・ブス×ベトナム語マスター×外務省
・ブス×看護師×料理上手（看護師はマスクで顔を隠せる。医者をゲットした事例あり）
・ブス×警察官×裁縫趣味

掛け合わせでオンリーワンになることができたら、ライバルがいない市場（＝ブルーオーシャン）を自らつくることができる。もちろんニーズがあることは大前提である。

ブルーオーシャンとなる掛け合わせは、あたたかい将来を想像させるブス、ギャップがあるブス、人とは違うことをしているブスではないだろうか。

逆に、どれだけ掛けても価値を生まない組み合わせは、

・ブス×イメージコンサルタント×港区在住
・ブス×エステティシャン×タワーマンション

など、競合が多く、接客・美容など「美」を扱うもの。また、地域セグメンテーションでいうと都心はNGである。イメージコンサルタント、港区というファクターをブスに掛け合わせても、ライバルは減らない。だって、この市場、美人がひしめいてますから。

ビジネスではなく結婚相手を探す市場であれば、ブスのねらい目は、

自分の魅力に気づいていない自信のない童貞
女性が少ない職業の方

である。

・男子校出身者
・理系大学出身者

・技術者
・研究者
・地方公務員
・信用金庫（メガバンクじゃない）

このような人々だけで形成されているコミュニティは、ブスにとってのブルーオーシャンになりやすい。

第６章まとめ

・ブスは肩書きの数だけ強くなれる
・やりたいことがないなら資格を取ろう
・資格選びは「男女比率」に着目
・競合が少なければ、その市場はブルーオーシャン
・掛け合わせ次第で希少性が出る

高校時代の一芸写真。まつげを微妙にふるわせながら「毛の生えた気孔」を表現している。

第７章
ブス自身も顧客であった

【行動提案】

行き詰まったら期間限定の現実逃避／
SNSで自己表現を磨く

【マーケティング戦略】

市場を変える／
自分のなかにいる「顧客」を見つめる

きれいな履歴書ではなくなった

はじめての就職先を一年十カ月で退職。

大学時代の友人と比べて遅い社会人スタートだったのに、みんなより早く退職。仕事を辞めたことで、ハッキリと落ち込んでいた。きれいな履歴書に傷がついたと思ったのだ。

いままでの人生で思い通りにいかなかったことはあったものの、浪人もしなかったし、中学・高校・大学・大学院・就職と、まあまあ優等生ルートだった。

それが、まさかの「就職・即退職」。同級生はみんなちゃんと働けているのに、なぜこの私が続けられないのか。他人の目を人一倍気にする私。退職してまわりからどう思われるのか、本当に気になった。

かといって、何をすればいいのか、何から手をつけていいかわからない。

美人だったら、「無職でも美人」。

ブスは、「何者でもないブス」。

資格は拠りどころになったものの、就職の失敗で、税理士という職業をやっていくのは無理かもしれないという不安でいっぱいだった。つまり、そのときは資格が無用の長物としか思えなかったのだ。

ブス、北海道へ。自分探しの旅に出る

仕事を辞め、すぐ働く気にもなれなかった私は、モラトリアム期間に入った。

何をしようか。

そうだ、一人旅に出よう。

一人旅といったら、バックパッカー、海外だ。

いや、海外は怖い。ろくに海外旅行もしたことがないのに、いきなりひとりでどこに行けばいいのだ。じゃあ、国内だ。北？　南？　調べると北の北海道も南の沖縄も一人旅用の宿は充実している。どちらに行ってもよさそうだ。でもな、南はちょっと。なんとなく北の方向に行きたい。北海道に行くことに決めた。

せっかくなら北海道一周ぐらいしたいなあ。無職のフリーダムなのに、札幌一泊とかもったいない。

あとから知人に言われた。

「悩んでいる人は北に行くんだよね」と。

池袋の本屋で北海道の一人旅宿だけを集めた本を見つけた。よし、この本に載っている宿を転々としよう。しかし、どの宿も駅から遠い。これは車で行こう。私の愛車、水色マーチで行くしかない。フェリーで車ごと北海道に行けるらしい。フェリーに乗って車で行こう。

二十六歳。はじめての一人旅にわくわくした。

みんなが真面目に働いているときに無職でブラブラしているなんて、人としておかしい。どうせおかしいなら、せっかくなので、一人旅をして楽しんでやろうと思ったわけだ。

九月のある日。

日が暮れてから埼玉を出発し、青森まで深夜の東北道を爆走。途中パーキングで休みながらも十時間くらいかけて青森へ到着。もうこの時点で疲労困憊(こんぱい)ではあったが、一人旅という状況に興奮しつつフェリーに乗り込んだ。フェリーに乗ったのははじめての経験だ。

だんだん本州から離れていく。それが現実から離れていく感覚に重なり、安堵(あんど)と不安が入り混じっていた気がする。

二日目の夕方に、函館に到着した。

これから一カ月かけて北海道を回る。一カ月後また、函館からフェリーに乗って帰る。函館ではビジネスホテルに泊まった。一人部屋でだれとも口をきかずにすごし、初日からさみしい思いをした。

次の日、一人旅専門冊子に載っていた宿に宿泊することにした。ニセコ近くの倶知安町にある「ぐりぐら」という宿だ。

この宿のおかげでこの後の北海道旅が充実することになる。

「ぐりぐら」に泊まっているのは私のような一人旅をしている人間ばかりだ。みんなで朝ごはん・夕ごはんを食べる。どこから来たのか。明日は何をするんだと他愛もない話をした。

翌日、私ははじめての感覚を味わった。

いままで旅行といったら、現地に入る前からどこに行って、何をするといった計画をがっちがちに固めていたが、この北海道旅については、まったくの無計画であった。そして、この宿に泊まっている人たちもみんな無計画なのだ。宿の庭にあるハンモックで一日ゴロゴロするという子もいた。

お金を払って旅行に来ているのに、なんの観光もしないなんて、ほんとにもったいない！と思ったのだが、いや、そんな考えをする私がおかしいのかもしれないと価値観をぶっ壊された。

夕食後は、オーナーが、

「さあ、星を見に行こう」

と童話のようなことを言い出すわけです。

外に出ると空一面、星☆星。流れ星まで見える。

東京にいたとき、ゆっくり空なんて見たかな……。

こんなにのんびりしてもいいんだなあと、朝から晩まで働いていたいままでの生活を振り返った。

私はこの宿をいたく気に入り、「また帰りに戻ってきます」と告げ、出発した。

富良野、旭川、サロベツ、宗谷岬、礼文島、知床、中標津、釧路、根室、帯広、そして倶知安へ。

富良野は観光地なので、観光客が多く、道も混雑していたが、それ以外の地域は山か海しかない場所。とにかく車で爆走しては、のんびりし、地域の人や同じ一人旅の人と話し続けた。
多くの宿のオーナーはもともとバックパッカーで、北海道出身者が少なかった。「旅をしていて、北海道が好きになって、気づいたら宿をはじめていた」とのこと。

すごいなあ。

考えてみると、生まれてこのかた、私は自分で何かをはじめるという感覚を持ったことがなかった。自分の意志で、リスクをとって宿をはじめたというオーナーを本当に尊敬したし、そんな生き方もありなのだと気づいた。
きれいな履歴書でいたということは、既存の価値観をなぞって生きてきた、ということだったのだ。
「自分探しの旅に出て新たな価値観を得る」って。めちゃくちゃステレオタイプで書いていて恥ずかしいくらいなのだが、本当にそうだったのだからしょうがない。

素敵な旅の記憶にひたっていると、またまた質問があった。

【質問】

旅と「ブス」との関連性って、ありましたか。

この旅で「ブスと幸せ」について、何か気がついたことはありましたか。


ブスのことは忘れていました。

「幸せってなんだろう……」

そんなことを考えていた。

本当に、無理なく、心から幸せそうだったのだ。北海道で出会った旅の人たちが。

期間限定の現実逃避は「アリ」

二十六歳女一人旅。

運よく怖い思いはしなかった。日中、明るいうちに車を走らせ、夕方には宿に入るという生活をしていたのもある。

仙鳳趾(せんぽうし)では、無料(ただ)で牡蠣(かき)を食べさせてもらった。富良野では茨城出身のシンガーソングライター、ジョニーさんのライブも見た。ギター一本で熱い歌を歌ってくれました。

旅に出る理由を聞かれて、家族や友人には「何か大きなことがしたい」と言っていた。でもそれは表向きの理由で、本当はただの現実逃避。

現実から逃げまくって、旅に出た。

でも、逃げてよかった。

北海道旅行で、いろいろな生き方があるんだということに気づかされた。

この旅に出なかったら、一生気づくことができなかった。

この旅のおかげで価値観が変わった。

みんなと同じように生きなくてもいいんだ。

宿から送り出してくれるときに言ってくれた言葉「いってらっしゃい。また帰っておいで」。帰れる場所ができたのが本当にうれしい。

思えばこれまで、ずーーっと相対的価値観でまわりを見ながら生きてきた。

性欲が強すぎたことで、セックスライフだけは自由な価値観だったが、それ以外は均一な価値観に縛られていた。

どんなに日常が息苦しくても、当たり前だと思っていた。毎日決まった時間に出て、満員電車に揺られることも。

自分のやりたいことよりも、他者評価が大事だった。他者評価を得ることこそが、自分のやりたいことだった。

でも、自己評価と他者評価が一致するポイントがあるかもしれない。

商品であると同時に、自分も顧客である。

私はこのときはじめて、自分のなかに「顧客」を発見した。生き方を決めるとき、この「顧客」を無視してはいけない。

自分という「顧客」を無視すると、病気になりそう。

自己満足。大事なんじゃないか。

小学生のときからいっときも「ブスであること」を忘れたことはない。でもなぜか、この旅行のときは完全に忘れていた。

味をしめた私は、北海道から帰ってきて、四国一周旅行にも旅立つ。

瀬戸内国際芸術祭がちょうどはじまる時期であった。アートなんてまったくわからないのだが、せっかくの機会だ。まったくわからないアートにふれに行こう。

またまた四国でも素晴らしい出会いがあったのだが、これはまた別の機会に。

転職して、いきなり高評価

そうこうしているうちに会社を辞めて半年経とうとしていた。

近場で仕事を探そう。

やりたいこと？　相変わらず特にない。

うん。結婚までのつなぎで、いまの私が受かりやすい職種ならなんでもいい。

ただし、合コンでトライ＆エラーの習慣をつけまくっていたので、前職が続かなかった理由を自分なりに検証してみた。

・満員電車は無理
・通勤ストレスがいや
・早く家に帰りたい

ほぼ、通勤に関することだ。

だから、都内の事務所に応募しなかった。遠すぎるもの。

埼玉の税理士事務所に絞って就職活動をした。

内定をもらって埼玉の税理士事務所に勤め出すと、都内の税理士事務所に比べて、市場が明らかに変わったのがわかった。

高評価なのだ。この私が。

まず、履歴書の段階で、着目ポイントが違う。

「え！　浦和一女出身の子が、うちの事務所に来てくれるの？」

さすが、地元。東京の事務所ではまったく通じなかった「浦和一女」が、ここではブランド価値を持つ。

そして、若い子がいない職場。若いというだけで、待遇が違った。

相変わらず法人税の知識がない私であったが、「できる子」として認識された。

市場を変えるだけで、同じ商品（人間）でもこうも評価が違うのか。

ブログを書けという指令

入社してまずはじめに上司に言われたのが、「ブログを書け」だった。

税理士の仕事とは、お客様の会計・税務面のお手伝いである。しかし、その事務所では、ホームページ制作などにも力を入れていて、自ら発信することについても勉強をさせてくれた。

「平日は毎日書け。内容はなんでもいいから」という指令。

「文章で何かを伝えるということはとても大切な能力だ。人に見てもらえる文章を書けるようにしろ」と上司は言う。

しかし、私は生まれてこのかた、まとまった文章を書いたことがなかった。作文が死ぬほど苦手で、だれかに手紙を書くことすら避けてきたのだ。

受験の現代文で筆者の気持ちを選ぶ問題を当てたこともないし、読書感想文は親からダメ出しの嵐。マンガ以外の読書習慣もなくて、文章に関することが全般的に苦手だった。

ブログってことはお前ら社員全員、私のブログ見るんだろ？

どう考えてもいやすぎる指令だった。でも、書けと言われたので、しかたなく書いた。アメブロで。

書いた内容といえば、どうでもいいことだ。

今日何食べた。何を学んだ。

ハッキリ言って全然おもしろくない内容だ。文字数にして四百〜千字。書くと次の日に社内の人から感想をもらえた。

感想は社内の人間からしかもらえない。そりゃそうだ。なんでもない人間のなんでもない日常をつづったブログだ。

そんなどうでもいいブログを、帰宅後に死ぬほど時間をかけて書いた。国語の成績が悪かった私からすると、人様に自分の文章を読まれるということは辱め以外の何物でもなかった。数名の社内の人が見ているだけでも緊張していちいち時間がかかってしまうのだった。

でも毎日毎日書き続けた。

嫌いな文章でもだれかからの反応があったから、続けられたんだと思う。いつのまにか文章を書くことに抵抗がなくなっていった。

そして、文章で自分の気持ちを表し、自分の足跡を残せることによる満足感も得られるようになっていた。

「結婚までのつなぎ」という意識で就職した税理士事務所であったが、学びが多かった。

税務の知識だけでは本当の意味でお客様の力になれない。お客様の多くが望んでいることは「売上を上げていくこと」。そのためのツールとしてウェブ発信とウェブ営業がある。


ブログを書くことで自分の視野が広がったことは間違いなく、

「税理士業も、おもしろく続けていくことができるのではないか」

そんなふうに思いはじめていた。


あんなに仕事をしたくなかった私も、この事務所のおかげで仕事に対する意識が変わった。

仕事が楽しくなっていた。不思議なことであった。

ブスの作業28　「市場を変える」という選択

はじめての就職先をすぐに辞めてしまったことは、大きな挫折体験だった。

石の上にも三年。最低でも三年はしがみつきたかった。でも、「仕事ができない子」という評価と、満員電車に耐えられなかった。

辞めたときに、はっきりと、

「逃げてしまった」

と思った。

優等生体質で、体面を気にする自分にとって、「我慢できずに断念した」というのは、受け入れがたいことだった。

しかし、いま振り返ると、あのときに辞めていなかったら、間違いなく病気になっていたと思う。撤退が正解だったのだ。

マーケティング的にも、事業の撤退は難しいといわれている。

実際、かなり悩んだ。

私は人間として欠落しているのではないか。

辞めたら周囲の人がどう思うのか。

悩みに悩んでいた。

ただ、いやなものはいやだった。つらいものはつらかった。

いままでは、自己満足な努力がうまく評価につながった。その評価が、勉強・資格という、絶対評価によるものだったからだ。

自己満足な努力だけでは他人からの評価を得ることは難しいということに気づいたのが、最初の就職だったわけだ。

市場、顧客に、自分という商品がフィットしないと、商品は売れない。

私は東京の中堅規模の事務所に就職して打ちのめされ、その後、地元の事務所に移る。あとから考えると、これは「市場を変える」行為だった。

自分の能力がないと思っていたが、別市場（埼玉）に自分を放り込んだところ、すごくラクに楽しく仕事ができたし、高評価をいただけた。

単なる「逃げ」を、肯定的に解釈しているだけ、とも言える。運がいいと言われればそれまでかもしれない。

しかし、単純に**選んだ市場が間違っているだけの可能性**もあるのだ。

転職だけでなく、市場を変えると成功する例はたくさんある。

・国を変える↓日本人がモテる国に行く。

・業界を変える↓別業種への転職。美人すぎる○○というのを見て、本当に美人だったためしがあるか。おそらくその業界内で比較した際に、美人というだけ。つまり、同性の比較対象が少ない市場・業界へ自分を移動させれば幸せになれるのではないか。

転職癖はつくと厄介といわれることもあるが、その場所で努力の余地がないならば、市場を変えることは戦略である。

売れないなら、次、次、次と。

もちろん、自分の能力を過大評価しないことは重要である。努力の余地がある場合には、市場を変える必要はない。というか変えないで努力したほうがいい。

でも、**市場とのフィッティングは案外、運だ。**

そう考えれば、石の上にも三年という日本の古くからある言い伝えは、信じなくてもいい気がする。

目まぐるしく世間が変わる時代だ。だったら、自分の生き方もめまぐるしく変えてもいいじゃないか、と辛抱ができない自分を肯定させてほしい。

ブスの作業29 SNSで自己表現を磨く

二社目の税理士事務所で「書く」習慣をつけてもらったことで、私の人生は変わった。

いまも定期的にブログを書いている。何がいいって、昔あったことや、過去の行動をいつでも振り返られる。それは思い出をしみじみと味わうという意味ではない。

過去は大事なデータだ。**人生を俯瞰(ふかん)することが、マーケティング戦略に役立つのだ。**

そして、書くことを習慣にしていると書くためのネタを常に探す。ネタは自分をよく見せたいからがんばったことしか書きたくない。なので日々がんばる。

ブログを書くことにより日々の努力が自然とできるようになる。


さらに、ブログを書き続けていると定期的に読んでもらえる読者がつく。すると感想をいただけたりするのだ。

見知らぬ人からの感想！

これほど承認欲求が満たされることはない！

私の文章を見てくれている人がいる。おもしろかった、ためになったと言ってくれる人がいる。

たくさんの人に見ていただけるのであれば、それだけ影響力があるブログということになり、もしかしたらメディアからお声がかかるかもしれない。

ただ、現実としては、いますぐインターネットで「ブログ」と検索していただきたいのだが、**ありえないほどの数のブログが存在している。**

見つけてもらうのは不可能に近い。

ブログは簡単に開設はできるが、アクセス数が増えるまでに相当時間がかかる。たいていの人は、ブログを開設しても数日書いて、やめてしまう。

反応がないのでつまらないとか、書くことが嫌になってしまうといった理由だ。

冷静に考えて、凡人がクリティカルヒットするコンテンツを量産できるわけがない。

メディアに出たいのであれば、**才能ではなく継続する地道な努力を見せるしかないのだ。**

インターネット上では、ブログから書籍化したといった華々しい話がごろごろしている。

そのブログは、少なくとも数年は継続しているはずだ。


また、ツイッターやフェイスブックなどのSNSは、身近な人に自分の内面を知ってもらうツールとして有用である。

会ったときに、うまく自己紹介ができなかったとしても、あとでSNSを見てもらって、自分の生き方を伝えることができるからだ。

料理の写真をUPしていれば、料理好きなんだとわかってもらえる。

プロ野球についてのコメントで、野球好きというアピールができる。

ただし、ブスがSNSで避けるべき行動がある。

NG

・ジャニーズのコンサートに行っている投稿→ブスなのに理想が高そうに見える
・聴いている音楽として西野カナをシェア→ブスなのにさらに重そうなマイナスイメージ
・スタバのフラペチーノ単体を撮るのはOKだが、ストローくわえて自撮りはNG→怖い
・なぞのポエム→怖い
・上目づかいの自撮り→だれのためにもならない

読者がつく内容
・専門性の高い内容（税務の知識や料理のレシピなど）
・「今日の〇〇」といったテーマが決まっていて、日々の習慣で読者が気軽に読み流せる
・写真がきれい、手描きイラストがおもしろいなど、ビジュアルに魅力がある

続けること、怖くないこと、オリジナルなネタを書くことで、きっと読んでもらえるSNSになるはずだ。

第７章まとめ

・自分が顧客であると考え、どうすれば「自分満足度」をアップできるかを探る
・転職は「逃げ」ではなく、市場を変えるという選択
・ＳＮＳで自己表現を磨き承認欲求を満たす

第８章

ブスの結婚

【行動提案】

「とりあえず」付き合う、「とりあえず」同棲

【マーケティング戦略】

プロダクトに合ったプレイスとプロモーション

ブスは恵比寿じゃなくて、御徒町で出会うのだ

二十七歳の七月。大学時代の友だちに誘われて合コンに行くことになった。久しぶりの合コンだ。

なぜか台東区御徒町（おかちまち）開催である。

合コンといえば、恵比寿（えびす）や青山といったオシャレな場所で開かれることが多い。

御徒町は秋葉原と上野に挟まれた卸問屋の街。年末には正月準備のため、食材を買いに来る年配者でにぎわうあのアメ横を歩き続ければ、いつのまにかたどりついているのが御徒町である。つまり、色気とは無縁の街である。

そんな御徒町での合コン。

この合コンで、素敵な出会いがあるとは思えなかった。こんな場所を選んでいる時点で、男性たちも本気ではないのだろう。そんなふうに思っていた。

しかし、そこで出会ったのがいまの夫だ。

お店は御徒町駅から徒歩十分くらいの場所にある沖縄料理店であった。もはや御徒町駅だって微妙なのに、そこから十分も歩くなんて、ブスを棚に上げても、文句を言う女性は私だけではないはずだ。

三対三の合コン。

男性陣はみな職場の仲間のようで、仲がよさそうな様子。熟年の漫才コンビのような掛け合いを繰り広げているふたりの男性は、話も上手で女性陣も沸いている。

楽しくて、雰囲気もよいおかげで、御徒町という場所のイメージだけで落ちていたテンションが、急上昇してきていた。

三人中ふたりが漫才コンビ、残り約一名、無言の男がいた。

無言にも二パターンあり、周囲が気をつかうような終始ムスっとしているタイプと、ただニコニコしていて周囲が気をつかわなくてもいい、存在感があまりないタイプがある。

彼は、後者の存在感がない無言タイプであった。

何ひとつおもしろいことも、そしてつまらないことも言わない。ただ終始ニコニコしていた。

隣に座ってふたりで話しはじめたときも、おもしろいことは言わない。質問もしてこない。こちらから質問をして、それに淡々と彼が答え続ける。私が質問し続けなければ会話が成り立たない状況だったと記憶している。

私「このお料理おいしいですね」
彼「そうですね」
私「ゴーヤの苦みが最高ですね」
彼「そうですね」
私「嫌いなものとかないんですか？」
彼「紫蘇ですかね」
私「紫蘇。メインの素材というよりも、薬味系の紫蘇ですか」
彼「はい」
私「紫蘇って、緑と紫があるじゃないですか。どちらのほうが嫌いですか？」
彼「どちらも嫌いですね」
私「そうですか」

私はビビビッときた。
「この人だ」と。
相手にウケる会話をまったくしようとしていない。素直な回答をしている。

普通、嫌いな食べ物を聞かれて、いきなり具体名を言うだろうか。しかも「紫蘇」だ。「カライもの」とかふわっとお題を出して、そこから、「カレー・担々麺」など具体的な名前を言い合って会話を膨らませるじゃないか。

そこを「紫蘇」のひと言で終わらせたことが、私への興味のなさを表していたのかもしれない。

そのあとも、すべてこちらからの質問攻めで、淡々とつまらない回答が返ってきた。どんな回答が返ってきても、そのボールを拾って一回は返し続ける、そんな会話のキャッチボールを繰り返していた。

こんなキャッチボール、途中でやめてもいい。やめてもいいのだ。

ただ、つまらない回答を彼はすべて笑顔と小さな声で返してくれるのだ。

途中から、私に興味がないのではなく、つまらないことしか言えないのが彼の素なのではないかと思いはじめていた。

そうこうしているあいだに、その合コンは終わりを迎えようとしていた。

ほかのメンバーは御徒町駅から電車に乗って帰るという。そんななか、彼はアメ横を通って上野駅まで歩くという。

私も上野駅を使うのだが、この合コンは夏開催であった。暑かった。できれば御徒町駅から電車に乗って、上野駅で乗り換えて帰りたかった。

しかし、今日のあのつまらない会話が、私を遠ざけるための会話だったのか否かを早めに確認しておきたかった。

そこで、私も「上野駅まで歩きます」と、ふたりきりの状況を作り出したのだ。

ふたりで歩きはじめたものの、つまらない会話の延長となっただけで、あっというまに上野駅に着こうとしていた。

まずい。これで終わってしまう。

急いで、上野公園に行こうと誘った。

暑い夜。上野公園を散歩したくないのに、したいと言い張ったのだ。

ここで断られれば、こちらも撤退するつもりだったのだが、彼は「いいですよ」と言う。

上野公園までついてきてくれたので、私に対しての拒否反応はないのだろうということは推測できた。

上野公園のベンチに座り、「今度食事に行きたい」と誘った。

「ごはん食べに行こうと言われて、目の前で断るのは難しいと思うの。もし本当に行ってくれるならメールください。いやだったらメールくれなくていいから」

と付け足した。

たまたま合コンで出会っただけ。いつも関わっているコミュニティ内の人間ではない。断られても痛くもかゆくもない。

一方的にボールを投げてその場で返事をもらうことなく、上野駅で別れた。その一時間後くらいにちゃんとメールをくれた。

次の日、ごはんに行くことができた。

私がボールを投げすぎて、彼は打席から逃げることを忘れたようだった。

店はもちろん私が決めた。私は最初の飲食店は必ず自分で決めたい。

前述した通り、ボディタッチができる店を選ぶこと。

そして、食べ方を見たいのだ。

私は、男のはしの使い方を異常に気にする。なので、はしを使う店にする。イタリアンは絶対に行かない。

上野駅近くの居酒屋を指定した。

合コンから一夜明け、多少は彼からも口を開くようになったが、やはり私が質問ばかりしていた。

相変わらずニコニコとつまらないことを返してくれる彼が目の前にいた。おもしろい状況ではないが、とても居心地のいい時間だった。

食べ方についても彼はクリアしていた。

「私はこの人と長くいられる気がする。結婚というものができるかもしれない」

と思った。

ブスの私が言うのもなんだが、見た目については中の下である彼。

男性にリードしてもらいたい女性であれば、おもしろいことをひとつも言わない彼はむしろいやだと思うだろう。

しかし、リードしてくれる系の男性と相性があまりよくなかった経験から、私はむしろリードしてくれない系男子のほうを好んでいた。

合コンで出会って、まだ二日目。

しかし、出会った翌日にふたりでごはんに来ているこの状況を考えて、相手も私を悪くは思っていないだろう。

とりあえず、付き合ってみませんか？

食事が終わり、また上野公園へ行った。缶コーヒーを買ってベンチに座り、他愛のない話をした。相変わらず沈黙が多い。でもとても居心地がよかった。

「とりあえず付き合ってみませんか？」

もちろん私から言ってみた。

出会って二日目である。

彼はびっくりしていた。

彼「とりあえず……ですか？」

私「はい」

彼「とりあえず……とは？」

私「言葉の通りです。どんなに友だち期間が長くても付き合ってみないと本性はわからないものです。現時点で私はあなたのことが気に入っています。好意を持っています。なので、とりあえず付き合っていただきたい。もっと深く知りたいと思っているんです」

彼「確かに、友だち期間と付き合ってる期間って違いますね」
私「はい。もちろんあなたの意志も重要なので、もし私のことをもう少し知りたいと思ってくださるのであれば、いかがでしょうか」
彼「しかし、早くないですか？」
私「早い。ただ、限りある人生ですから、無駄に友だち期間を長引かせるのは、もったいないじゃないですか。時間は、有限ですから」
彼「確かにそうですね。では、とりあえずでいいんでしょうか」
私「はい。とりあえずでいいです。では、ＯＫということで？」
彼「はい」
私「やったー‼」

ということで、お付き合いがはじまった。
出会って一日後のことだ。
ちなみにまだやっていない。

同棲による生活観の調査

交際は順調そのものだった。

「とりあえず」でスタートした交際が半年経つころ、結婚を視野に入れはじめた。はじめてのデートの際に、抜かりなく収入、家族構成などを確認し、私の結婚基準はクリアしていた。

【質問】

「結婚基準」とはなんですか？　「高学歴」という基準はどこへいったのですか？

北海道旅行の経験により、自分のなかの「ものさし」がかなり変わった。「高学歴」「イケメン」「年収」といったわかりやすい基準が吹っ飛び、「自分という顧客」を大事にして、居心地のよさを追求したい、という気持ちになっていた。

さらに、高学歴と付き合った経験が、トラウマになっていた。たまたま気位の高い人だっただけなのだが、プライドの高い人ってめんどうだなあ、と。また、学歴＝頭がよい人、というわけではないことも学習した。トライ＆エラーにより好みが変わったのだ。

そんなことから刷新された「結婚基準」とは、次のようなものであった。

・年収四百〜五百万円
・地頭のよさ
・宗教と支持政党が特別なものではない
・はしの持ち方（育ち）
・居心地のよさ

洋服がダサくても変えられる。生活するうえでのこまかい価値観は、共同生活をしてみないとわからない。

そこで、同棲することにした。

もちろん、同棲も私から切り出し、「結婚を見据えた同棲」ということで、将来の話をじっくりした。

「私は家庭的な人間ではないし、いまは仕事が楽しい。家庭を顧みない人間になるかもしれないがそれでも大丈夫か？　そして、子ども。これぱっかりはできるかどうかわからない。できなかった場合、不妊治療は一切したくないがそれでも大丈夫か？」

と言ったところ、「大丈夫」とのことで、同棲することになった。

同棲をはじめる際、うちの両親に挨拶に来てくれた。そつなくこなしてくれた。

二十八歳の二月に足立区に引っ越して同棲を開始した。

彼は付き合っているときも同棲しているときも、とても温厚な人であった。

趣味はゲーム。ひとつのゲームを買って何度も繰り返しやる。お酒はたしなむ程度で、飲み歩く人間ではない。

毎日仕事が終わったら自宅に直行。パスタをゆでて食べて寝るだけの人間であった。

洗濯は自分でできる。

掃除も自分でできる。

そんな無趣味な真面目人間であった。

同棲して一年が経とうとしていた。

相変わらず彼はおもしろいことは何ひとつ言わない。

相変わらず私が一方的に話しかけ、ニコニコと聞き続けておもしろくない回答をするという状況ではあった。

はたから見たら「いっしょにいて楽しいのか？」と思われるかもしれない。

しかし、どう考えても私にとっては、最高に居心地のいい人間が彼であった。

彼の会社の財務状況を親にプレゼン

私は、結婚するのであれば、彼しかいないと思っていた。

まずは母親に相談である。

母親に「彼氏さんの会社は大丈夫なの？」と質問された。

こんなブスにもかかわらず、母親からするとかわいい娘である。

私に「資格を取得しろ」と言った親である。最終的に会社の名前ではなく、自分が何をできるかが重要になってくると頭ではわかっている親である。

しかし、いざ自分の娘が結婚するとなると、相手には安定した会社に勤めていてほしいと矛盾したことを考えてしまうのであろう。

「彼氏さんの会社は大丈夫なの？」の質問に対して、「大丈夫なんじゃない？」としか答えようがなかった。

そもそも私はその会社に勤めているわけではないから会社のこともわからないし、たとえ勤めている本人であっても、会社の将来性はわからないはずだ。でも、安心材料を求めている母の気持ちも理解できる。

そこで、何を母に伝えれば安心するのか、考えた。

ふわっとした言葉ではなく**数字で両親を安心させよう**、と思った。

彼の勤務先は上場企業であるが、仕事内容はハッキリ言って超地味である。お給料もものすごく高いわけではない。

収入面などで心配になってしまったようなので、彼の会社の財務分析をし、「現時点で」会社が安定していることを両親に見せてあげようと思った。

上場企業は財務状況をウェブサイトでも公開している。母の目の前で、ウェブサイトから財務状況を印刷し、その場で電卓をたたいた。

母は「そこまでしなくていいわよ」と、なぜか電卓をたたく私の手を止めようとしていたが、こちらも乗りかかった船だ。電卓をたたきまくった。

「うん。現預金も○○円で充実してるし、取引先も安定しているところばっかりだし、当面は大丈夫なんじゃない？　結局会社なんてどうなるかわかんないけど、とりあえず現時点の分析ね」

結婚相手の会社の財務分析をする娘に若干引いていたが、なんとなく安心をさせることができたのではないかと私は満足した。

私の母に限ったことではなく、人というのは、数字を出されると説得されやすい。

「いつもより安いよ！」ではなく、

「いつもは千円だけど、今日は五百円だよ」

と言われたほうが、わかりやすく、安心感を覚える。

「この人、いい人だから結婚したい」ではなく、

「この人の会社は創業〇〇年で、純資産比率が〇〇％、安定しているから安心してね」

と言ったほうが、具体的なので、親としても安心するのではないか。

ブスの強引なプロポーズ

両親は説得したものの、彼は、一向にプロポーズしてくる気配がない。

彼は結婚はまだ先でいいのではないかと躊躇していた。しかし、「いつ死ぬかわからない」と考えたときに、私はもうこの練習試合（同棲）は無駄だと思っていた。一年同棲して、生活レベル・清潔レベルも似ていて、違和感を覚えることがなかった。いつかするかもしれない結婚であれば、いましていいと思った。

もちろんプロポーズは私からした。

「いつ死ぬかわかりません。同棲という練習をこの先も続けたとしてもあまり変わらないと思います。なので、もう結婚してもいいと思います。

仮にあなたと結婚せず、明日死んだとしたら、私は後悔します。もしすぐに結婚してくれないのであれば、お別れしていたほうが死んだとき後悔が和らぐと思います。なので、結婚するか否か決めてください」

自分で決断をすることが苦手な彼である。

「あなたはどう思う？」

ではなく、イエス・ノーで答えられる質問をすることにより、優柔不断な彼も答えやすくなると思った。第一、私が求めているのはイエスかノーなのだから。

さらに畳みかけるようにこう続けた。

「私はひとつの会社に長く勤めたことがない。そして勤められる気がしない。なので迷惑をかけることがあるかもしれない。ひとりでどこか遠くに行ってしまうかもしれない。それでもいいだろうか。こんな私と結婚してくれませんか」

少し間をあけて、彼は言った。

「付き合いはじめて、自分が知らなかったことをたくさん教えてくれた。知らない場所にたくさん連れて行ってくれた。自分とは真逆な人間だと思う。

何をするかわからないので正直疲れるし、怖い。

でも、だからこそいっしょにいて楽しい。これから何をされるのかまったく想像がつきませんが、せっかくなのでいっしょにいさせてください」

ブスの作業30 プレイスとプロモーションを考える

とうとうここまできた。

この本のゴールである「結婚」をしてしまった。

私という商品と彼のニーズの完全一致である。

ここで、結婚に至るまでのマーケティング戦略を整理してみよう。

マーケティング戦略の成功とは、**お客さんのニーズに自社が提供する商品・サービスをフィットさせること**である。

フィットさせるためには、「4P」がうまくつながらなければならない。

私の場合はこんな感じであった。

①プロダクト（Product 製品）

美しさではなく、経済力のある居心地のいい空間

②プレイス（Place 流通経路）

合コン

【顧客のニーズ】

- 自分が地味なので派手ではない人がいい
- 堅実な人を好む
- 口下手なので話してくれる人がいい
- 収入は普通なので、お金がかかる女は対応不可
- 見た目とファッションが中の下なので、美人すぎる人は気後れする

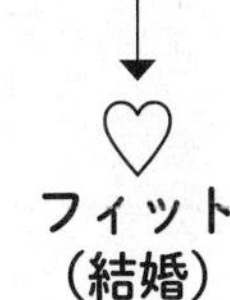

フィット
（結婚）

つまり商品が売れたということ

【商品の特性】

- 居心地がいい
- 経済力がある
- コミュニケーション能力が高い
- 庶民派価格
- 見た目は中の下〜下

4P

企業側が市場に対して働きかける道具が四つある。各道具の頭文字を取って、4Pと言われている。

①プロダクト（Product 製品）
顧客に提供する商品やサービスをつくる

②プレイス（Place 流通経路）
どのような経路や場所で顧客に商品を届けるか

③プロモーション（Promotion 販売促進）
商品の存在や価値を顧客にどのように知らせるか

④プライス（Price 価格）
いくらで買ってもらえるか。高価格戦略と低価格戦略がある

③プロモーション（Promotion 販売促進）
合コンでの会話テクニック

④プライス（Price 価格）
高級感は出さず庶民派価格

ここにふたりのブスがいる。それぞれの4Pは次のような感じである。

◆ブスA美
プロダクト……経済力のある居心地のいいブス
プレイス……合コン
プロモーション……合コンでの会話テクニックor 仲間からの紹介
プライス……高級感は出さず（出せず）庶民派価格
お金がかからない＆維持コストが低い

◆ブスB美
プロダクト……料理上手の消極的なブス
プレイス……会社
プロモーション……社内の昼休みに手作りお弁当をおすそわけ

プライス……プライスレス

※消極的で合コンに行けないのであれば、自分の武器をどこかで披露するしかない。

大事なのは、プロダクトに合ったプレイスとプロモーションを考えることである。

歌がうまい↓社内の飲み会の二次会カラオケには絶対に行く。

料理上手↓休日のバーベキューなどはめんどくさがらず絶対に行く。手料理も作って持って行く。

字がうまい↓社内で回覧する資料に、無駄に手書きした付箋を貼る。

本当は、どんな商品でもプレイスは合コンがベストだと思う。なぜなら、戦略が失敗しても日常生活に支障がない。しかし、合コンが苦手だというなら、リスクを負ってでも身近なプレイスで戦うしかないだろう。

受験で学校を選ぶときには偏差値という客観的な指標があり、自分が受かりそうな学校はこれくらいかなと定めることができる。先生も偏差値という「ものさし」を使って助言してくれる。

「お前のレベルだとここの学校が妥当じゃないか？」

と。

もちろんちょっとレベルが高いところを志望することもあるが、偏差値五十の学力で東大を真剣に希望する者はほぼいないであろう。どうしても行きたいのであれば、もっと勉強して偏差値を上げる努力をしてから目指すはずだ。つまり、自分の学力レベルを客観視した状態で志望校を選び受験するのが一般的だ。

結婚の場合、難しいのが、偏差値のような指標がないことだ。

自分のことを棚に上げて「年収一千万円以上で、身長百七十五㎝以上で、かっこよくて、やさしくて」と東大レベルの男を希望するわけである。

条件で選んでいるわけではなく、

「恋に落ちてしまう」

からしょうがない、という人だっている。

だれも自分の見た目や中身を評価なんてしてくれない。自分で自分の価値を客観的に判断するしかない。もちろん、人間の性質は複雑で、出会いは運によるものが大きいし、「相性」だって大きく影響する。

でも、商品と顧客のニーズが合致しないと、商品は売れない。自分と相手とが、どこかのポイントで「フィット」しないと、結ばれないのだ。

ほしくないものは買わないし、結婚したくない相手とは結婚しない。ブスの婚活は、まず自分のスペックを確認し、ターゲットを決める。それに向けた4Pを整理することが重要になってくる。

経験上、**どんなブスでも、自分の4Pと、ターゲットがフィットしさえすれば、結婚はできると思っている。**

いつか白馬に乗った王子様があらわれて、へちゃむくれの自分の「やさしさ」に惹かれ恋をしてくれる♡

超かっこいい転校生が東京からやってきて、おぼこい田舎娘の「素朴さ」に魅力を感じ、自分になぜか恋をする♡

それはおとぎ話です。

自分のスペック、4P、ターゲットとのフィット。

それをいつもいつも考えながら、トライ&エラー。

サイコロを振る回数を増やせば、確率は上がる。

これが真理だ。

第8章まとめ

・「とりあえず」付き合う。「とりあえず」同棲する
・彼の会社の財務状況を分析し、数字で親を説得する
・プロダクトに合ったプレイスとプロモーションを考える
・ターゲットと自分がフィットするポイントを考える

第９章

ブスの起業

【行動提案】

行動するために自分を追い込む

【マーケティング戦略】

エリアマーケティングとニッチ戦略

開業、妊娠、戸惑うブス

二十九歳の二月。晴れて入籍。

ブスが人妻になった瞬間だ。

時を同じくして、コンサルティング会社に就職した。税理士はどこかの税理士事務所に所属するか、開業しないと資格を存続できない。ということで、とりあえず開業届だけは出した。建て前上は、コンサルティング会社に就職&開業税理士という二足のわらじを履いていたことになる。

その会社に骨をうずめるつもりだったのだが、なんとなくしんどくなった末、退職を決意した。

最初の会社を一年十カ月で辞めたときは、三年もたないダメ人間と自分を卑下していたが、もうこのときには、

「私はそういう人間だ。組織に向かない人間だ」

と開き直っていた。

自分に残ったのは税理士業だけ。やりたくない税理士業務だったが、しょうがない。

結婚しているし、税理士業を少しだけやってます。

世間体的にもばっちりでは？


よし、少しだけ税理士として働いて、残りの時間は遊ぼう！


お気楽開業&新婚生活をしていこうと思った矢先、妊娠がわかった。税理士登録したものの、そこまで仕事がない状況にあっての妊娠。出産したら、おそらく成り行きで専業主婦になるんだろう……。

私、これでいいのか。

妊娠八カ月、事務所を借りる

税理士開業・結婚・妊娠。

大変充実しているように見える。

でもなんだか、とても戸惑っていた。

私は子どもが大の苦手である。産んで育てられるのだろうか。

そして、たばこ。やめられるのか。

妊娠はできればしたかったが、まさかこんなに早くするとは思わず、私と夫の打率は百%でびっくりしてしまった。

妊娠がわかった夫の第一声は、

「俺、種あったんだ」

だった。

妊娠生活は何事もなく、静かにすごしていた。書くことがないくらい静かにすごしていた。

税務の仕事を少しだけして、あとは本当にのんびりしていた。

予定日は、八月。

産んですぐ仕事ができるのだろうか。生まれてすぐには保育園に入れられないだろう。

少しだけの仕事とはいえ、子どもがいながらできるのだろうか。

どんどん不安になってくる。

「自営業　出産　産後　妊娠　育児」などインターネットで調べまくった。

「産んで一カ月は休もう」的なことが書かれていた。

困った。一カ月も休めない。

自宅開業だった私は、自宅で子どもとふたり……仕事をこなしつつ、家事と子育てと……そんな生活、できるんだろうか。

やばい、ぜったい無理だ。

自分の性質をよくよくわかっている私は、出産後の生活にストレスを感じることが容易に想像がついた。

外に出る口実がほしい。人と会える場所をつくりたいと思った。

事務所を借りよう。家とは別に事務所を借りよう。

北千住でネットラジオを運営している会社の社長に相談しにいった。北千住の情報に明るい彼は、すぐによい情報をくれた。

「うちのビルの四階が、退去するらしいよ」

広さも、駅徒歩一分という立地も最高だった。税理士としてあるまじき行為なのだが、お金のことは考えずに借りた。

借金するつもりはなく、二百万円あった自分の貯金が底をついたらやめよう。ただそれだけを決めた。出産二カ月前の話だ。

お金もないので、事務所の床マットを敷いたり、家具を組み立てたりするのは、家族に手伝ってもらった。

それでも妊娠八カ月での事務所開きは負担だったようで、数日後、切迫早産という診断をくだされた。入院するほどではなかったが、安静にしろ、動くなとの指示。

安静にしながら、どうにか危機は乗り越え、オフィスの準備も終わり、出産一カ月前に実家へ帰省。

そして、女の子を無事出産した。

私そっくりの赤ちゃんは、めちゃくちゃかわいかった。

ふざけたホームページによる集客

産後、母乳で育てようとしたのだが、あまり出がよくなかったため、即ミルクにした。ミルクにしてから一気に気持ちがラクになった。なぜならミルクであればだれでもあげられる。母親が子どもと離れることができるのだ。

娘は夜泣きをすることもなく、おかげで寝不足になることもなかった。

体も強く、あまり熱を出さないので、それも助かった。

出産して二カ月後くらいには、ふだん通りの生活に戻りはじめていた。

まだ保育園に入っていなかったので、毎日自由というわけではなかったが、夫が休みの日は比較的自由に動けた。

子どもがいてもなんとかやれそうだ、ということがわかったので、仕事に力を入れていこうと思った。

とにもかくにも顧客を増やさなければいけない。

いままでブログだけで集客していたが、ホームページをつくろうと決心し、知り合いのホームページ制作会社に依頼することにした。

ホームページの文章、写真などはすべて自分で用意した。

「足立区の気さくな女性税理士」というタイトルでふざけた写真をメインに、全体的におもしろさを優先に（つまりふざけた文章で）まとめた。

結果、集客できた。

週に二～三回は新規の方から電話がかかってきた。

順調に顧客がつき、次第に集客が楽しくてたまらなくなってきた。

私はもともとお金は最低限あればいいと思う人間で、稼ぐことへの欲もなければ、結婚前は貯金があったためしもない。

集客できてものすごくうれしかったのは、やはり自信のないブスが、承認されたという事実なのだった。

顧客がつく

↓

仕事をしてお金をもらう

↓

承認欲求がおおいに満たされる

お金という対価をもらえるということは、仕事を認めてもらえたということ。うれしくてうれしくて、どこまでいけるか試してみたくなり、集客命になった。

三十一歳の四月から娘が保育園に入ることになり、平日がフルタイムで仕事にあてられる。

とにもかくにも、夢中で一生懸命仕事をした時期だ。ブログもホームページも、がんばって更新していた。「書くこと」が自分の道を開いてくれた。あんなに苦手だったのに。

人生、本当に不思議なものだと思います。

ブスの作業 31

自分を追い込むと行動できる

妊娠八カ月で、事務所の契約。正気の沙汰とは思えないだろう。

普通なら、出産して、子どものいる生活の状況がわかってから、事業規模や運営を考えるはずだ。

でも私は**怠け者で易きに流されるブス**である自分をよく知っていた。

ライザップで十キロやせたことは前述したが、自分を過信して持ってもいない「強い意志」に期待するより、先に「行動せざるをえない状況」をつくったほうが、実際に動ける。

最初は自宅で仕事をしつつ、ホームページをつくり、ある程度集客できたら、事務所を借りる。そのほうがリスクが低いことは重々承知している。

でも、それではダメなのだ。

事務所があったから、ホームページをつくった。だから集客もできた。

もしも事務所を借りなかったら、いまごろ「肩書きのないブス」になっていたはずだ。

必死で肩書きを手に入れたのに、これまでの努力が水の泡となってしまっていただろう。

美人は肩書きがなくても幸せになれる。

でもブスのノー肩書きはしんどい。

やはり、ブスは動かなくてはダメだ。行動、行動、行動。何よりも大事なのだ。

ブスの作業32 ホームページで差別化

周囲の人たちから、

「よくあんなホームページにしたね」

「勇気あるね」

「あれじゃ集客できないでしょ」

と言われ続けている。

ここまで本書を読んでくださった賢明な読者のみなさんなら、おわかりかと思うが、もちろん、マーケティング戦略に拠ってホームページをつくった。

考えに考え抜いた内容・構成である。文章はすべて私作成。写真のポージング指示、すべて私。

当初のホームページ（現在は閉鎖）。
現在のホームページも見てください。
http://tamuramami.com/

「……一般的には、税理士のイメージとは

・固い、ふてぶてしい、七三分け、若干はげている、怖い、先生と呼ばなきゃいけない、スーツスーツ

こんな感じなんでしょう。
しかし、私ときたら

・柔らかそう、にやにやしている、ふてくされていない、真ん中分け、若干傷んでいる、お酒をのむと怖そう、先生だったの?

なので、まったく世の税理士像とかけはなれているようで、びっくりされることが多いです。」

マーケティング的に説明すると、

・エリアマーケティング
・ブルーオーシャン
・ニッチ戦略

の三つを実行したまでだ。

用語解説

エリアマーケティング

企業の地域戦略。個別の地域の差異を精査し、人口、世代構成、学生数・生徒数、高齢者数、平均世帯収入などの特性を把握した上で、投入する商品やプロモーション、プライスを決める。

関東で税理士開業するとなると、

・港区青山

・千代田区麹町（こうじまち）

などが思い浮かぶ。ブランドエリアだ。

ブランドエリアだけに、税理士の数も多い。つまりレッドオーシャンといえる。

ブスで、若くて、キャリアもない新人税理士が、人気エリアで開業し、ほかの税理士事務所と同じような真面目なホームページをつくったところで、集客できるとは思えない。

そこで、

・足立区北千住で開業（エリアマーケティング）

・「足立区の気さくな税理士」という売り出し（ニッチを狙ったプロモーション）

・トリッキーなビジュアルを駆使して、ほかの事務所と差別化（ブルーオーシャン）

というふうに、戦略的に開業した。

【質問】

あんなホームページを見て、田村さんに仕事をお願いする方がいるのですか？

この変なホームページを見て依頼してくるのは、私と気が合う人である。

顧問契約まで至る方は、みんな「シャレがわかる、コミュ力の高い飲み好きの経営者」ばかり。そして既成概念の枠を超えられる柔軟で優秀な人が多い。ただし……ニッチであることは間違いない。

「税理士は税理士らしくあるべきだ」という人は私のところには来ないし、「変なホームページで信用できない」と思う人は、大手の事務所に行く。

あのホームページのおかげで、「暗くて、気むずかしくて、文句ばかり言う経営者」が、自然に排除できるのだ。

この打ち出し方は賭けであった。**他人と違うことをするのは最大の勝負**である。しかし、レッドオーシャンのなかで、経験の少ない新米ブス税理士が、他人と同じことをしていては勝てない。

私は賭けに勝った。

ホームページを立ち上げた日から、問い合わせが急増した。うれしい悲鳴であった。問い合わせがある＝自分の存在を認められたということで、私の承認欲求も満たされることになる。

起業から今日まで、集客はホームページのみ。ネット広告などは出したことがない。

現在、私は新規契約を受け付けていない。
つまり、レギュラーの顧客だけで、手一杯なのだ。

ブスの作業33 本職は真面目にやれ

実はいまだに税理士の仕事はそれほど好きではない。同期の友人が「寝ても覚めても税金の計算が好き」と話すのを聞くと、私は違うなーと思ってしまう。

ただ、お客様に喜んでもらえるのは、ブスとして本当にうれしい。いや、税理士としてうれしい。

だいたい税理士なんて、消極的な理由で依頼するものだ。「あなたと仕事がしたい！」ではなく、「必要だから、適当な税理士を探す」というのが依頼の理由だろう。

そんな人に、「あなたにお願いしてよかった」と思ってもらえたら、こんなにうれしいことはない。

税金の計算は、だれに頼んでもそんなに変わらない。だから、税務にもとづいたコンサル的アドバイスで差が出る。自分のアドバイスで、お客様の売上が上がったときは、本当に喜びを感じる。

コンサルと言っても大それたことをしているわけではない。

まずじっくり話を聞く。話を一時間聞くだけで、見えてくることが多い。そのあとで、相手の立場に立って、専門用語をなるべく使わず、アドバイスするだけ。絶対にお伝えしたいことは、同じ内容であっても、何度も何度も繰り返し話す。

仕事上で、合コンで培った「傾聴」がかなり生きているのだ。


こんな本を書くぐらいなので、私が軟派で出たがりの税理士であることは間違いないが、実は本職はちゃんとやっている。

これも戦略のひとつ。

ギャップ戦略だ。

ふざけたホームページなのに、しっかり仕事をしているというギャップで人を魅了したいのだ。


ブスはコンプレックスが強いがゆえ、自己承認欲求が強くなり、派手な仕事やウケることについつい走りがちになってしまう。

しかし、「カタい真面目な側面」があってこそ軟派さが生きる。

また、「いくつも武器を持て」と言ってきたが、主軸の武器がさびていてはダメ。

ブスが調子にのって本職をおろそかにすると、目も当てられない。

ブスこそ仕事は真面目にやろう。

第9章まとめ

・怠け者の自分を自覚し、行動せざるをえない状況に追い込む

・開業とホームページは、ブルーオーシャン戦略、エリアマーケティング、ニッチ戦略を駆使する

・ブスこそ仕事は真面目にやる

第10章

ブスの
成功すごろくと
美人の経年劣化

ブスの起業はすがすがしい

個性的なホームページのおかげで、お客様は順調に増えていった。

もちろん、相性が悪く、さよならをした方もいた。罵声(ばせい)を浴びせられたこともあった。理不尽なことを要求するお客様もいた。

でも、そのお客様とお付き合いをすると決めたのは自分だ。起業したからにはすべての事柄が、自分の責任である。

すべて自己責任なので、不思議なほどノーストレスになった。

収入についても、「お客様が減る＝売上が減る＝自分の収入が減る」というシンプルな構図。会社に勤めていたときより、大変わかりやすい。

明朗会計、自己責任であったため、不平不満を感じることなく、仕事をがんばることができた。

何よりも、**自営業**になって、「ブス」を言い訳にできなくなった。

組織にいる場合、運悪く「見た目」重視の上司や取引先と当たってしまえば、アンフェアな扱いを受けることもあるかもしれない。能力は同じなのに美人の同僚が得する場面もあるだろう。

でも、自営業は違う。

すがすがしいほど、市場の反応をダイレクトに感じることができる。目の前にいる顧客のニーズにこたえられるか否かで、収入が決まる。そこに美醜格差はない。

そもそもブスがいやなら、はじめっから私のところには来ないだろう。

売上は順調であった。

一方で、自分の力では「ニーズにこたえられないことがある」というのが、ハッキリとわかってきて、お客様が増えれば増えるほど、落ち込んでいく三十二歳の私なのであった。

大学院入学で、やっと満たされたブスになる

税理士は税の専門家である。税については自信をもって対応できる。

しかし、税金以外の質問をお客様から受けることも多い。

税金とは、売上・利益が出てはじめて納付するものと考えれば、お客様の悩みの筆頭は、

「売上を上げるためにはどうすればいいか」

である。

私のお客様は、起業したての会社が多く、周囲に経営について相談できる人がいない場合がほとんどである。そうすると、定期的に会計報告で会う私に相談することになる。

「売上を上げるためにはどうすればいいんだろうねぇ」と。

その相談を受けるたびに、歯がゆい気持ちになっている自分がいた。

私にもっと経営について知識があれば、お客様のサポートができるのになあ。

「経営、マーケティング、人事」について、専門的に勉強したことがない私。

どうしたら本当の意味でお客様のニーズにこたえることができるのだろう。

さらに、どうしたら経営を体系的に学ぶことができるのだろうか、本気で調べはじめた。

そこで見つけたのが、ビジネススクールという存在である。社会人のための大学院である。かっこよくいえば、ＭＢＡである。

社会人大学院を開設している大学を片っ端から探した。私が卒業した立教大学でも社会人大学院を開設していた。

ふと、ひとつの大学院に目がとまった。

早稲田である。

早稲田は私が高校三年生のときに本当は行きたかった大学である。しかし、当時は、まわりの友だちの頭がよすぎて勉強しても成績が上位にならず、勉強に自信がまったく持てず、入試を受けることすらできなかった。

行動するブスになれ、と言っておきながら、弱かった。ただただあのころの自分は弱かった。

三十三歳当時、忘れていた早稲田への想いがよみがえってきてしまった。

悩んでいた私に夫はこう言った。

「早稲田に行きたかったんでしょう？　受験すればいいじゃない。いま挑戦しなかったとしても、また忘れたころに行きたいって言うんだから、早いうちに挑戦したほうがいいよ」

確かに三十三歳になってもなお、あのころの「本当は早稲田に行きたかった」という後悔にとらわれている。ここで解消しないと、また挑戦したいという気持ちが沸き上がってくるだろう。夫が背中を押してくれたこともあり、早稲田受験を決意した。

しかし、現実問題として、仕事をしながら学校に通うのは難しい。お客様のための学びとはいえ、学校に通うことでお客様に迷惑をかけるのは本末転倒である。そのため、前々から、いっしょに税理士法人化をしようと声をかけてくれていた仲間と、合併することを決意する。

その後、小論文＋面接を経て、なんとまあ、あこがれの早稲田に合格してしまったのである。

入試は一月。税理士としては繁忙期だった。でも、小論文という入試形式に救われた。ここ数年、ブログを書き続けていた私である。初見のお題でも小論文がそれなりに書けたのである。

ブスの成功すごろく

ここで、これまでの人生を振り返ってみる。

小学校時代

自分がブスであることに気づく。五マス進む。

中学校時代

いい男とやりたいがために、ガリ勉する。一マス進む。

高校時代

田舎の神童からただのブスへ。ショックを受けつつも一芸を獲得し「おもしろいブス」に商品改良。一マス進む。

大学時代

処女喪失。はじめての彼氏に見た目で振られる。合コンしまくり。五マス進む。

大学院時代

やさぐれつつも、税理士の科目試験に合格する。二マス進む。

就職一社目

すぐに退職。税理士になれば一生安泰だと思っていたが、そもそも組織になじめなかったので、安泰もくそもなかった。一回休み。

北海道への一人旅　一回休み

就職二社目
埼玉の会社で市場がチェンジし、急に「優秀な私」になる。
ブログを書けという指示により、作文をはじめる。三マス進む。

税理士開業
開業してすぐ妊娠。一マス進む。

事務所を借りる
妊娠八カ月で、まさかの賃貸契約。三マス進む。

変なホームページをつくる
ホームページの戦略がうまくいき、集客に成功。三マス進む。

早稲田の大学院に入学
高三のときに、打席にも立たずにあきらめた早稲田大学のＭＢＡコースに入学。一マス進む。

まだまだ「あがり」ではない。さらにうれしい出来事があった。

ブスに届いた執筆依頼

文章を書くことが死ぬほど嫌いだった。

しかし、その文章によって、人生が大きく変わった。ブログによってたくさんのお客様と出会えた。

お客様以外との出会いもあり、若い方から「税理士試験への挑戦をあきらめようかと思っていたが、やっぱりがんばります」という感想をいただくこともあった。

早稲田に入れたのも、ブログをひたすら書き続けたおかげだ。

本を書きたい。

いつしか、そう思うようになっていた。しかし、出版がそう簡単なものでないことはわかっている。どこからも声がかからなければ、死ぬ前に自叙伝を自費出版して、無理やり自分の夢をかなえてやろうと思っていた。

早稲田の合格通知が届いたのと同時期に、ホームページの「インフォ」のアドレスに、こんなメッセージが届いた。

「田村麻美さま

突然のご連絡、失礼いたします。

私は、文響社という出版社で書籍編集の仕事をしております、飛田と申します。

本日、調べ物をしていて、

田村様のサイトに出会い、

文章のあまりのおもしろさに、

何を調べていたのかも忘れて、ブログを熟読してしまいました。

突然ではありますが、

書籍の執筆をお願いしたく、

一度お時間をいただくことはできませんでしょうか」

まさかの、私の大好きな作家・水野敬也(みずのけいや)さんの出版社である文響社様からのメッセージなのである。士業であるがゆえ、自費出版の営業はよくある。まさか文響社様も自費出版をはじめたのか……そんな気持ちで、とりあえず電話をしてみた。

田村「田村と申します。メッセージありがとうございます。早速なのですが、自費……出版のご案内でしょうか？？」

編集者「ぷぷぷ……違いますよー！！！！」

自分の大好きな水野敬也さんと同じ出版社から、しかも自費出版ではない、執筆の依頼を受けたのだ。

現在、税理士の仕事をしながら、学校にも通い、この原稿を書いている。この状況を支えてくれる夫がいて、かわいい娘もいる。

こんなに恵まれた幸せな人間が、何をかくそう、ブスである私なのだ。

ブスは自分を棚に上げて夢を見てはいけない。

だれもそんなことは言っていないが、たいていの人間は思っているはずだ。

「ブスのくせに」「ブスのくせに」と。

「ブスのくせに」と他人からも言われ、そして自分自身でも思っていた私が、いま、ほしいものはすべて手に入れている。

しかも、その成功要因は……、

「ブスだったから」

なのである。

「ブスだからこそ」、自分に自信がなかったからこそ、武器を装備し続けたおかげで、いまここに立っている。

ブスのマーケティング戦略を本気で考えていなかったら、こんな幸せは手に入れられなかった。そう思っている。

美人の作業 1 経年劣化に備えよ

最終章。これまでと見出しが変わった。

「ブスの作業」が「美人の作業」になっています。

そうです。ここへきて、ブスから美人への作業命令だ。

まず、すべての美人よ、

顔面偏差値の経年劣化を、早い段階から考えておきなさい。

本書の冒頭で示した通り、「美」は経年劣化する。「見た目」だけを武器に生きている若いときは、その武器が使えなくなる日がくるなんて、想像もしないであろう。

「美」が劣化せずとも、使えない武器になることはありえる。

実際、三十六歳の現在、身近な美人よっちゃん（仮名）より、私のほうがずっと幸せそうである。

編集者から最後の質問が届いた。

【質問】

幸せの定義はさまざまなので、相対化は難しいと思います。武器を持つブスが、武器を持たない美人より幸せ、という証拠を示せますでしょうか？

武器を持ったブス（私）が武器を持たない美人（よっちゃん・仮名）より幸せな理由を書き出してみた。

私の武器↓ブス、税理士、居心地のよさ、傾聴

よっちゃんの武器↓美貌

①過去の美貌との落差がない
②経済的に自立しているので、いつでも離婚ができる
③経済的に夫と対等なので、家事育児も対等
④過去にすがりつかないですむ（「昔はもてた」「昔は美人だった」と言えないので、「いまを生きる」しかない）
⑤マウンティングされない（最初から「勝ち」と思われる）
⑥嫉妬されない
⑦痴漢にあわない
⑧枕営業を要求されない
⑨料理が上手そうに見える
⑩掃除上手に見える
⑪ママ友ができやすい

⑫劣化しようがないので、顔面比較で浮気されることはない
⑬夫のお母さんから嫌われない
⑭ちょっとエロいことをするとギャップで喜ばれる
⑮スッピンで出かけられる（メイク前後が、たいして差がない）
⑯ストーカーにあわない（外見だけでだれかに惚れられることがない）
⑰合コンに誘われやすい（引き立て役になるので）
⑱整形していると思われない
⑲謙虚である（相変わらずブスなので）
⑳まわりからの期待値が低いため自由に行動できる
㉑若い女に怯えない
㉒劣化に怯えない
㉓愛嬌が身についた
㉔他人から興味を持たれない＝自由
㉕お局から目をつけられない
㉖目立たない＝自由
㉗派手な服を着ても妬まれない
㉘顔採用がない＝常に実力評価される

㉙男女の友情が成立する
㉚多少太っても他者評価が変わらない
㉛美人は減点方式だが、ブスは加点方式
㉜中身を見てもらえる（中身しかない）
㉝周囲から求められるレベルが低いためプレッシャーがない
㉞じろじろ見られない
㉟酔っぱらっても安全

どうであろう。けっこう出てきた。もちろん「美人だけど謙虚」「ブスでも嫉妬されがち」など、個人差はある。

だけど、本当に美しかったよっちゃん（仮名）、そして頭もよかったよっちゃんが、会うと「離婚したいけど、子どももいるし、いまさら正社員にもなれないから」なんて夫の愚痴ばかり言うのは悲しすぎる。

第1章の棒グラフ（39ページ）をここでもう一度思い出してほしい。

次のグラフは「見た目」だけを武器に生きてきた美人、四十代主婦設定である。切ない結果である。

しかし、ここでひとつの事実を伝えよう。

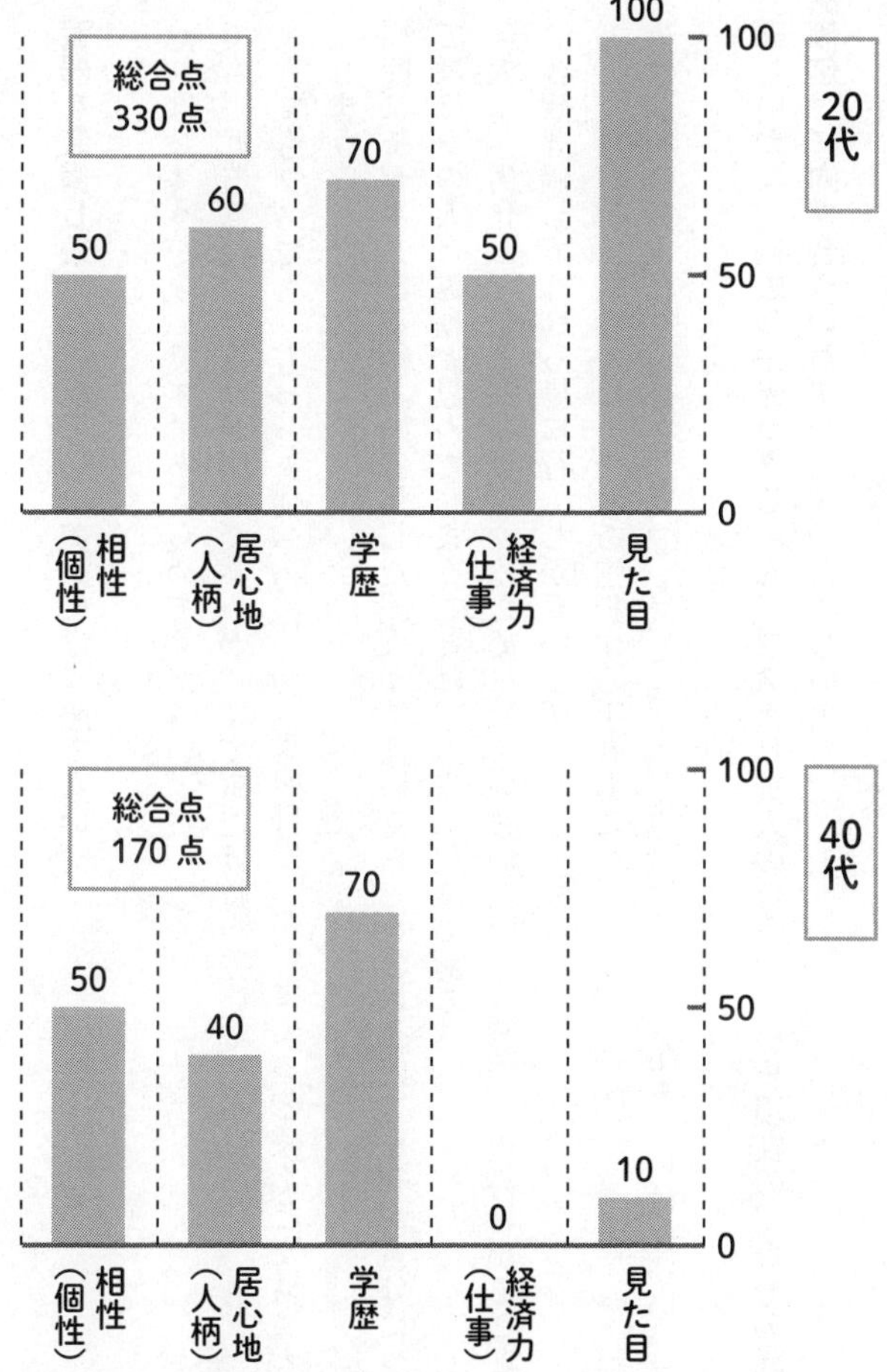
20代
総合点
330点
50
60
70
50
100
100
50
0
相性（個性）
居心地（人柄）
学歴
経済力（仕事）
見た目
40代
総合点
170点
50
40
70
0
10
100
50
0
相性（個性）
居心地（人柄）
学歴
経済力（仕事）
見た目

武器を装備し続けた人柄のいい美人には、勝てない。

それはしょうがないです。あきらめてください。

でも、武器は美人だろうがブスだろうが、持てるだけ持っていて、損はない。

美人でもブスでも、もっとも怖いのは、「いまの自分」が将来ずっと続くと安易に考えてしまうことだ。

周囲にモデルとなる年上の劣化した美人女性はいくらでもいるのに、なぜか自分については ほかの人と違うと思ってしまうことは、本当に危険である。

美人が「劣化したこと」に気がつくためには、いまいるコミュニティの外に出ることだ。客観評価してくれる場に行くしかない。

あえて外に出ず傷つかないことを選択する手もある。

「昔はきれいだった」「昔はもてた」という過去の栄光にすがって生きていけばいい。

悲しいかな、過去の栄光があるぶん、ブスより美人のほうが「いま現在の、自分の商品価値」に向き合うのがずっとずっと難しいのだ。

でもやっぱり、事実に向き合ってほしい。事実を認めてはじめて、行動できると思うからである。

美人の作業 2　製品ライフサイクルを意識せよ

マーケティング論にも、「美人の経年劣化」的なことはよく論じられている。売れに売れていた商品が、年月を経ることで市場価値が下がっていく。商品の誕生から衰退までの流れを「製品ライフサイクル」という。

製品ライフサイクルを見据えることで、段階的にプロモーションやターゲットを変えて、製品の寿命を少しでも延ばすことが、ビジネス上必須である。

これを武器のない美人のライフサイクルに置き換えてみよう。

導入期……十代　ちやほやされはじめ、まわりからはかわいいと言われることも増える。

成長期……二十代前半　市場に飛び出した美人は何もせずとも高い値段で売れる。就職も大会社の一般職として「顔採用」。デートではお財布を出さずとも二コニコしているだけで払ってもらえる。

成熟期……二十代後半　コミュニケーション力もついた美人は怖いものなしである。老若男女問わず、売れに売れる。いちばんスペックの高そうな男性とめでたく結婚。

衰退期……三十代〜四十代　ひとたび結婚し、人のものになってしまった美人はだれも買おうとしない。子どもに手がかからなくなり、再就職しようにもうまくいかない。

用語解説

製品のライフサイクル

市場で販売されている商品のライフサイクルは、導入期→成長期→成熟期→衰退期をたどる。

まず、新商品が販売され、売上や利益が少ない導入期がはじまる。その後、売上と利益が増大する成長期が訪れ、いつしか、その売上や利益の成長が一定のところで止まる成熟期に入る。そして、悲しいが、売上・利益が減少する衰退期が訪れる。

「見た目」だけを売りにしてしまうと、成長期・成熟期が短いことがわかる。三十代でいっきに衰退である。

それでは、ブスはどうか。

導入期……十代～二十代前半　ひたすら武器を手にするための努力の期間である。売上は上がらないと思っていい。恋愛であれば振られ続ける時期である。

成長期……二十代後半　導入期で蓄えたデータをもとに武器を身につけ戦いはじめる。

成熟期……三十代～無限　武器があるため、たとえ離婚をされてもひとりで生き抜く余裕がある。

衰退期……衰退期が訪れてもいいように備えてきた人生である。え？　衰退期って何？　おいしいの？　それ。と言えるくらい余裕のある人生を送ることができる。

できれば成長期・成熟期を長く維持し、衰退期が訪れないように日々戦略を立てていきたい。

前述したが、努力する美人（「見た目」以外の武器を持った美人）は最強である。逆立ちしても一生勝てないような気がする。

しかし、年齢が上がれば上がるほど、「見た目」の数値は重要視されなくなり、「個性」「人柄」での勝負になる。

もしかしたら、いつか……八十代くらいで「努力する美人」にも勝てる日がくるかもしれない。

おわりに

自己啓発書が嫌いであった。

「私はできた。あなたもがんばれ」

そんな本が嫌いであった。


あんただから成功したんだろう。

運がよかったんだろう。

私が同じように行動してもうまくいくはずがない。


そう思っているのに、本を買い続けた。

見た目に自信がないことがつらかったし、起業して孤独だったし、いつかなれると思っていた「何者か」になんて、いつまで経ってもなれないし……。

本に救いを求め続けていた。

実は、この本を書きはじめたとき、私が嫌いだった自己啓発書のような内容であった。

「私はブスでもできた。あなたもがんばれ」

名前も顔も出さずに出版する予定だったくせに、取り繕った自分の成功体験ばかりを並べていた。

でも、ふと気がついた。

「こんな取り繕った本で、心が動く人などいるのだろうか」

本当に人の役に立つには、自分の立場をつまびらかにして、責任をもってアドバイスするべきではないか。

何者でもない私である。

自分の人生をエビデンスとして「ブス」について論じようとしているならば、本名と顔を出し、処女喪失、過去の恋愛、性体験や合コンについて書かなければ、説得力はない。

悩んだ私は、夫に相談した。

「赤裸々に書かなければ説得力がないと俺も思う。だから気にせず書いたほうがいい。

そして、いまの麻美さん（私）は過去の経験があってのもので、その経験をしてきたから俺を選んでくれたんでしょう。だったらその経験に俺は感謝しなければならない。俺以外にも麻美さんの経験則で救われる人がいるはず。これはブス側だけでなく、俺のような相手側も幸せにできる本かもしれない」

この言葉で、覚悟を決めた。

自己啓発書を読んでは文句ばかり言っていたあのころの私が、心から納得する本を書こうと、思い直したのだ。

「マーケティング戦略」というたいそうなタイトルをつけさせていただいたが、私がやってきたことはこれだけだ。

自分を客観視し、相手の気持ちを想像して、行動すること。

それしかしていない。

新月のお祈りもしていないし、整形手術もしていない。

恋愛の成功とビジネスの成功をいっしょくたにして、乱暴だと思われたかもしれないが、両方とも、まったく同じだったのだ。

ひとりのブスが書いた、個人的体験談にすぎないと言われれば、否定はできない。でも、だれかひとりでも、この本を読んで行動しようと思ってくれる人がいたら、ほんとうにうれしい。

読者のみなさん、最後まで読んでくださり、ありがとうございました。

この本を書くにあたり、お世話になった方へ感謝を述べさせてください。

まずは、編集者の飛田さんへ。

「いつか本を書きたい」。そんな壮大な夢を抱いていた無名の私を見つけてくださり、ありがとうございました。

原稿を送るたびに、矢のような質問と厳しいつっこみ。返しても返しても、さらなるつっこみ。泣きそうになることもありましたが、書き終わったいま、飛田さんとのやりとりがなくなると思うと、寂しくて泣きそうです。

私にとってははじめての編集さんが飛田さんで本当によかった。飛田さんでなければこの本は完成しなかったと思っています。ありがとうございました。

そして、両親へ。

産んでくれてありがとう。育ててくれてありがとう。

私はいま本当に幸せです。

そして、最後に、夫へ。

この内容の本を書くにあたり、文句を言うどころかむしろ応援してくれたあなたを心から尊敬しています。

いまの私だけでなく、過去の私もすべて受け入れてくれてありがとう。あなたのおかげで、本当にいま幸せです。

こんな本を書いてしまう破天荒な私ですが、これからもどうぞお付き合いください。よろしく頼みますね。

田村麻美

文庫版あとがき

後にも先にも私の親不知が腫れあがったのは一回だけだ。

二〇一八年十二月。今回、文庫化していただいた『ブスのマーケティング戦略』の単行本の発売直前だ。

私の手から原稿は離れ、装丁などもすべて決まり、発売を待っているだけの時期に親不知がうずきはじめた。痛み止めも効かない。腫れているので抜くこともできない。ただただ、痛みに耐えていた。

理由はわかっていた。

「私のように見た目に自信がないが、幸せになりたい方を応援したい。一歩を踏み出すきっかけとなりたい」

その一心で書き上げたにもかかわらず、タイトルに「ブス」なんてつかってよかったのか。

ヤリマンだったことを赤裸々に書きなぐってよかったのか。

表紙が自分の顔面ドアップでよかったのか。

ペンネームにすればよかったのか……etc.

発売一週間前のことである。この期に及んで、迷いや不安が生まれ、夜も寝つきが悪く、酒におぼれ、親不知が腫れた。自著の発売なんて、楽しみで仕方ないと思っていたが、内容が内容であったので、不安で仕方がなかった。

とはいっても、悩んだところで発売される。もう腹を括(くく)ろう。

そうして、発売日を迎えた。

見なきゃいいのに、アマゾンランキングを五分置きに開く。

最初のレビューがついた。

★ひとつ。

終わった。

不安はあったものの、自分の処女作であり、ブスに希望を与えたいという思いを熱くして書いた本である。共感してくれる方もいるはず、と心のどこかで願っていたところの★ひとつ。

腫れが引きかけていた親不知の痛みがぶり返した。

二〇一八年十二月の記憶は、腫れた親不知と★ひとつという記憶しかない。

腫れも落ち着き、出版した現実をやっと受け止められたころ、世の中は二〇一九年になっていた。年が明けたら、周囲の環境も変わりはじめた。

雑誌や新聞の取材、講演依頼をいただくことが増えた。芸能人の方々と対談させていただいたり、テレビに出たり。憧れの田嶋陽子先生と「そこまで言って委員会NP」で共演させていただくという、奇跡のようなことまで起こってしまった。

足立区・北千住のブス税理士が、他人様の面前に出ることが増えたわけだ。

自分自身の環境の変化で、承認欲求が満たされたのは言うまでもないが、読者の方からさまざまな反響が届いたことで、「がんばるブスたちが輝く未来をつくりたい！」というライフワークに、より深みが出た気がしている。そして、自分自身をありのままさらけ出してよかったと思えるようになった。

「共感した」

「行動しようと思えるようになった」

といった肯定的な感想をたくさんいただけた。

しかし、レビュー★ひとつからはじまった本である。肯定的な意見だけではもちろんない。特に多かった感想は、

「あなたは恵まれてるから、行動できた」

「もともと頭がよかったら、税理士になれた」

「本が出せたのも、運がよかっただけだろ」

つまり、「お前の経験は万人が使えるものではない」という意見だ。

人によって環境もそれぞれであるから、もちろん同じように行動したところで、同じ結果になるとは思っていない。

しかし、ひとつだけ言えるのは、**私は、人の百倍行動して、美人の百倍傷ついて、ボロボロになったから、道が少しだけ開けたんだと思っているということ。**

そして、行動する勇気を進歩や成長、成功に導くためには、やっぱり「客観視」が必要。自分を商品として客観的にみることで、努力の方向性がわかる。

どうしようもない資格を取るなどといった、消耗するだけで未来につながらない行動を、避けることができるようになるには、「客観視する力」＝マーケティングが必要である。

何かを成し遂げるとき、「行動力」と「客観視」は両輪だと、発売から二年たった今、つくづく実感している。

そして、二〇二〇年十二月。★ひとつではじまった本が二年後に文庫化されるという奇跡が起きた。文庫化のお声掛けをくださった集英社文庫様、本当にありがとうございます。この文庫の発売直前に、また親不知が腫れるのだろうか。いや、過去の失敗は繰り返さない。

文庫発売前に、残り一本の親不知を抜いてやった。もう腫れるものはない。二年前とは違い何ものにも怯えず、文庫の発売を待ってやろうと思いながら、今、このあとがきを書いている。

最後に、二年経った今も、変わらず横にいてくれる夫へ。

私という人間を受け入れ、この内容の本を応援してくれたあなたを二年経っても変わらず尊敬しています。

やることなすこと破天荒な人間ではありますが、それができるのも文句を言うどころかいつも背中を押してくれるあなたがいてくれるからです。

過去、つらい思いや失敗もたくさんしましたが、そこで腐らず、前を向いて行動しつづけたから、あなたという人間に出会えたのだと思います。

今、私は本当に幸せです。

この本を手にとってくださった皆様も辛いことがあっても腐らず、あきらめず、前を向いて行動しつづけ、自分が納得する幸せを勝ち取ってください。

私もまだまだ成長するために、日々、客観視を忘れず、今後も行動し続けます。

二〇二〇年十月吉日

田村麻美

参考文献

『新版 わかりやすいマーケティング戦略』沼上幹著／有斐閣／二〇〇八年
『改訂3版 グロービスMBAマーケティング』グロービス経営大学院編著／ダイヤモンド社／二〇〇九年
『新版 グロービスMBA経営戦略』グロービス経営大学院編著／ダイヤモンド社／二〇一七年
『最強の起業戦略 スタートアップで知っておくべき20の原則』リチャード・ドーフ、トーマス・バイアース著、設楽常巳訳／日経BP社／二〇一一年
『コトラーのマーケティング・コンセプト』フィリップ・コトラー著、大川修二他訳／東洋経済新報社／二〇〇三年
『新版 ブルー・オーシャン戦略』W・チャン・キム、レネ・モボルニュ著、有賀裕子訳／ダイヤモンド社／二〇一五年
『ドリルを売るには穴を売れ』佐藤義典著／青春出版社／二〇〇七年
『リーン・スタートアップ』エリック・リース著、井口耕二訳／日経BP社／二〇一二年
『美貌格差』ダニエル・S・ハマーメッシュ著、望月衛訳／東洋経済新報社／二〇一五年

本書は、二〇一八年十二月、書き下ろし単行本として文響社より刊行されました。

本文デザイン・図版／水戸部功
本文写真／桑島智輝（139ページ）、他は著者提供

集英社文庫　目録（日本文学）

集英社文庫　目録（日本文学）

津島佑子　ジャッカ・ドフニ　海の記憶の物語(上)(下)
辻村深月　オーダーメイド殺人クラブ
堤　堯　昭和の三傑　憲法九条は「救国のトリック」だった
津原泰水　蘆屋家の崩壊
津原泰水　少年トレチア
津村記久子　ワーカーズ・ダイジェスト
津村記久子／深澤真紀　ダメをみがく　〝女子〟の呪いを解く方法
津本陽　月とよしきり
津本陽　龍馬　一　青雲篇
津本陽　龍馬　二　脱藩篇
津本陽　龍馬　三　海軍篇
津本陽　龍馬　四　薩長篇
津本陽　龍馬　五　流星篇
津本陽　幕末維新傑作選　最後の武士道
津本陽　巨眼の男　西郷隆盛1〜4
津本陽　深重(じんじゅう)の海

津本陽　下天は夢か一〜四
津本陽　まぼろしの維新　西郷隆盛、最期の十年
手塚治虫　手塚治虫の旧約聖書物語①　天地創造
手塚治虫　手塚治虫の旧約聖書物語②　十戒
手塚治虫　手塚治虫の旧約聖書物語③　イエスの誕生
天童荒太　あふれた愛
戸井十月　チェ・ゲバラの遥かな旅
戸井十月　ゲバラ最期の時
藤堂志津子　かそけき音の
藤堂志津子　昔の恋人
藤堂志津子　秋の猫
藤堂志津子　夜のかけら
藤堂志津子　アカシア香る
藤堂志津子　桜ハウス
藤堂志津子　われら冷たき闇に
藤堂志津子　夫の火遊び

藤堂志津子　ほろにがいカラダ　桜ハウス
藤堂志津子　きままな娘　わがままな母
藤堂志津子　ある女のプロフィール
藤堂志津子　娘と嫁と孫とわたし
堂場瞬一　8年
堂場瞬一　少年の輝く海
堂場瞬一　いつか白球は海へ
堂場瞬一　検証捜査
堂場瞬一　複合捜査
堂場瞬一　解
堂場瞬一　共犯捜査
堂場瞬一　警察(サツ)回りの夏
堂場瞬一　オトコの一理
堂場瞬一　時限捜査
堂場瞬一　グレイ
堂場瞬一　蛮政の秋

集英社文庫

ブスのマーケティング戦略（せんりゃく）

2020年11月25日　第1刷　　定価はカバーに表示してあります。

著　者　田村麻美（たむらまみ）

発行者　徳永　真

発行所　株式会社　集英社
東京都千代田区一ツ橋2-5-10　〒101-8050
電話　【編集部】03-3230-6095
　　　【読者係】03-3230-6080
　　　【販売部】03-3230-6393（書店専用）

印　刷　中央精版印刷株式会社　株式会社美松堂

製　本　中央精版印刷株式会社

フォーマットデザイン　アリヤマデザインストア　　マークデザイン　居山浩二

ISBN978-4-08-744180-2 C0195